한국생활사박물관
11

— 조선, 근대와 만나다 —

조 선 생 활 관 3

LIVING IN CHOSUN – INTO THE MODERN WORLD

사□계절

한국생활사박물관 편찬위원회

편집인	강응천
연구 · 편집	김영미
기획	(주)사계절출판사
집필	정숭교 (조선실)
	강응천 (야외전시 · 가상체험실 · 국제실)
	배우성 (특별전시실)
	정선태 (특강실 1)
	고석규 (특강실 2)

책임디자인	백창훈 · 이정민
편집디자인	이동준
일러스트레이션 디렉터	곽영권
일러스트레이션	김병하 · 백남원 · 이선희
	이수진 · 이은홍 · 차재옥
사진	정주하 · 지중근
전시관 디자인	김도희
서예	필묵(한자–김홍길 · 한글–김종건)

제작	차동현
교정	이경옥 · 김장성

내용 감수	고석규 (목포대 교수 · 한국사)
기획 감수	최준식 (이화여대 교수 · 종교학)
	오주석 (1956~2005, 전 연세대 겸임교수 · 미술사)
	김봉렬 (한국예술종합학교 교수 · 건축학)
	김소현 (배화여대 교수 · 복식사)
	주영하 (한국학중앙연구원 · 민속학)

일 러 두 기

1. 역사적 사실이나 개연성에 대한 고증과 평가는 학계의
   통설을 기준으로 삼았다.
2. 지명과 인명의 표기는 가급적 중·고등학교 교과서를 따랐다.
3. 외래어 표기는 현지 표기를 존중하는 문화관광부 제정
   '외래어 표기법'과 중·고등학교 교과서를 따랐다.
4. 한자의 사용은 되도록 피하되 꼭 필요한 경우에는 ( ) 안에 넣었다.
5. 생활사의 성격상 곳에 따라 역사적 개연성을 벗어나지 않는
   범위 안에서 가상 인물이나 가상 이야기를 첨가했다.

『한국생활사박물관』 11권 「조선생활관 3」을 펴내며

이 책의 주제는 '근대와의 만남'이다. 그런데 제목은 '조선생활관 3'이라고 하니까 많은 사람이 고개를 갸웃거렸다. 여느 역사책을 보면 근대로의 이행기는 보통 '개항기'나 '개화기' 아니면 아예 '근대'라고 부르고 있다. 그런데 왜 근대 이전 시기의 왕조인 조선이 그런 시대를 다루는 책의 제목으로 오느냐는 것이었다.

조선은 분명 전근대 왕조였다는 점에서 이런 의문이 생기는 것은 당연하다. 그러나 우리 나라의 근대는 프랑스처럼 어느 날 부르봉 왕조가 무너지고 바스티유 감옥이 열리면서 시작된 근대가 아니었다. 조선 왕조는 500년 가꾸어 온 전통을 품은 채 이미 바깥에서 다 만들어져 있던 근대 세계로 들어갔다. 조선 왕조는 구미 열강과 근대적 조약을 맺고 학교·병원·우체국·철도 등 각종 근대적 시설을 도입했으며, 태극기·애국가 등 각종 근대적 상징물을 제정했다. 따라서 우리 나라에서 근대로의 이행이라는 경험은 조선이라는 이름 아래 이루어졌다.

물론 우리가 전근대와 근대의 교차로를 '조선생활관 3'이라는 이름으로 들여다보려는 것은 나라 이름이라는 형식적인 면 때문만은 아니다. 우리가 이 시대에서 보고 싶은 것에는 "우리에게 근대가 어떻게 왔는가"라는 점뿐 아니라 "우리 전근대의 전통은 어떻게 되었는가"라는 점도 포함되기 때문이다. 조선 왕조 말기야말로 유구한 전통 문화와 새로운 근대 문화가 격렬하게 충돌하면서도 공존하던 시기였다.

그런데 중후한 500년 역사에도 불구하고 조선은 전통을 잘 보존·계승하지도 못했고, 자주적 근대 국가로 변신하지도 못했다. 물론 그 시대 사람들을 탓할 일만은 아니다. 많은 사람이 새로운 시대를 주체적으로 열기 위해 참으로 열심히 싸웠건만, 의도와 반대되는 결과를 내놓기 좋아하는 역사의 신은 특히 그 시절 엄청난 심술을 부렸다. 독자는 그 '시행착오'의 과정을 이 책의 도입부인 '야외전시'에서 사진과 '타이포그래피'의 대비로 보게 될 것이다.

격동의 시대는 가족의 역사에도 거센 비바람을 몰고 왔다. 지난 500년간 조선의 가족, 특히 사대부 가족에서는 각 세대의 운명이 크게 다르지 않았다. 그러나 이제는 부모 자식 간에도 엄청난 역사적 차이, 메울 수 없는 의식의 틈새가 생겨났다. 이처럼 근대사의 흐름 속에 휘말리게 된 '세대' 간 변화와 갈등, 그것을 '조선실'에서 어느 3대를 통해 깊이 살펴볼 것이다. 또 '가상체험실'에서는 근대 문물의 대표격인 사진을 우리 나라에 도입하기 위해 애쓴 조선 최초의 사진사들을 다루면서, 그들의 애환과 초기 사진에 얽힌 이야기들을 통해 근대 이행기에 놓인 사람들의 내면을 관찰할 것이다.

그런데 지난 500년간 중국을 중심으로 하는 '중화 천하'에서 살던 우리 조상은 그것과는 다른 세상이 있다는 것을 어느 날 갑자기, 서양 지도를 보고는 바로 받아들이게 됐을까? '특별전시실'에서는 조선 후기 세계 지도의 변천을 통해 그것이 결코 하루 아침에 일어난 변화가 아니라 수백 년에 걸친 길고 어려운 내면화 과정의 산물이었다는 것을 알려 줄 것이다. '특강실'에서는 우리가 주체적으로 근대화를 이루기 위해 애쓰던 개화기 조선과 타율적으로 근대화를 진전시킬 수밖에 없었던 식민지 조선을 어떻게 볼 것인가에 관해 전문가의 강의가 펼쳐진다. 또 '국제실'에서는 근대 국민 국가의 상징인 국기를 나라별로 분류·비교하면서 그들의 서로 다른 근대화 경로를 되짚어 본다.

옛사람의 총체적 생활상을 한 편의 영화처럼 생생하게 들여다보자는 문제 의식에서 기획된 '책 속의 박물관', 『한국생활사박물관』이 이제 열한 번째 권을 내게 되었다. 이 한 권의 책에 실린 800매의 원고와 30여 점의 그림, 130여 컷의 컬러 사진이 근대 이행기 조선과 조선 사람들에게 올바른 평가를 안겨 주기 바란다. 우리가 선사 시대부터 현대에 이르는 우리 민족의 생활사를 오롯이 복원해 낼 때까지 독자 여러분의 따뜻한 격려와 호된 질책을 함께 기다린다.

2004년 8월 한국생활사박물관 편찬위원회

조선생활관3안내

8
야외전시
OPENING EXHIBITION

「조선생활관3」의 도입부. 조선은 자주적 근대화에 성공하기는커녕 나라를 통째로 일본에 내주는 결정적 과오마저 범했다. 사실 그 시대 사람들은 새로운 시대를 열기 위해 참으로 열심히 싸웠지만, 의도와 반대되는 결과를 내놓기 좋아하는 역사의 신은 특히 그 시절 엄청난 심술을 부렸다. 그 비장하고 거대한 '시행착오'의 과정을 사진과 '타이포그래피'를 대비하면서 풀어 보았다.

22
조선실
LIFE IN CHOSUN

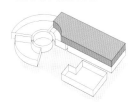

지난 500년간 조선의 가족, 특히 사대부 가족에서는 세대 간 운명의 차이가 크지 않았다. 그러나 근대 이행기에는 부모 자식 간에도 엄청난 역사적 차이, 메울 수 없는 의식의 간극이 생겨났다. 이처럼 근대사의 흐름 속에 휘말리게 된 '세대' 간 변화와 갈등, 그것을 시대의 한가운데 서 있던 어느 3대를 통해 깊이 살펴볼 것이다.

64
특별전시실
SPECIAL EXHIBITION

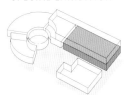

오랫동안 중국을 세계의 중심에 놓고 보는 '중화 천하'에서 살던 우리 조상은 이 둥근 세상에 중심이란 없으며 그것은 예전에 알던 천하보다 훨씬 넓다는 사실을 어느 날 갑자기, 서양 지도를 보고는 바로 받아들이게 된 것일까? 조선 후기 세계 지도의 변천을 통해 그것이 사실은 어떤 과정을 겪은 일이었는지 살펴볼 것이다.

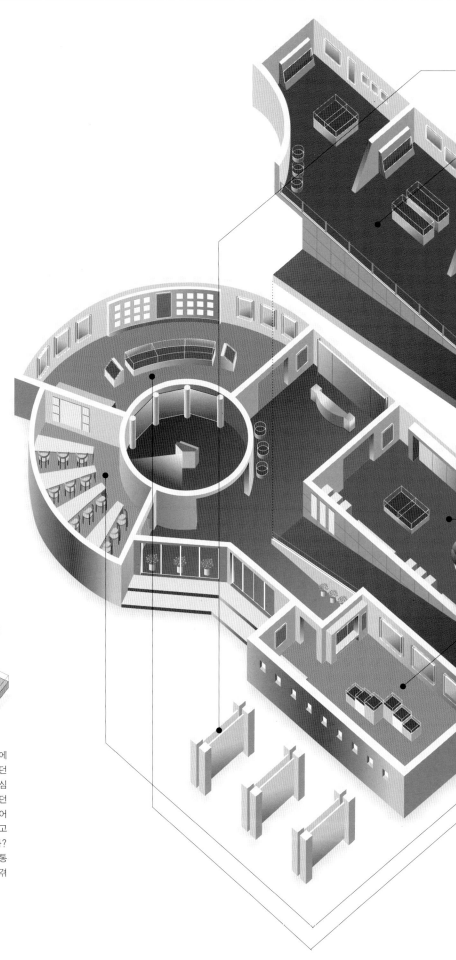

78
가상체험실
SIMULATION ROOM

사진은 서구에서 들어온 근대 문물의 대표격. 그것을 우리 나라에 도입하기 위해 애쓴 조선 최초의 사진사들을 다루면서 그들의 애환과 초기 사진에 얽힌 이야기들을 통해 근대 이행기를 살던 사람들의 내면 세계를 따라가 볼 것이다.

84
특강실
LECTURE ROOM

주체적으로 근대화를 이루기 위해 애쓰던 개화기 조선과 타율적으로 근대화를 진전시킬 수밖에 없었던 식민지 조선을 어떻게 볼 것인가에 관해 두 전문가의 강의가 펼쳐진다.

92
국제실
INTERNATIONAL EXHIBITION

근대 국민 국가의 상징인 국기를 나라별로 비교하면서 그들의 서로 다른 근대화 경로를 되짚어 본다. 이러한 비교를 통해 태극기의 역사와 그 독특한 성격이 잘 드러날 것이다.

56 ■ 경성 거리에서

조 선 생 활 관 3

야외전시 OPENING EXHIBITION

이곳은 근대 이행기의 생활 문화를 다룬 「조선생활관 3」의 도입부입니다. 조선 왕조는 500년 가꾸어 온 전통을 품은 채 이미 바깥에서 다 만들어져 있던 근대 세계로 들어갔습니다. 그리하여 구미 열강과 근대적 조약을 맺고 학교·병원·우체국·철도 등 각종 근대적 시설을 도입했으며, 태극기·애국가 등 각종 근대적 상징물을 제정했습니다. 그런 점에서 조선 왕조 말기야말로 유구한 전통 문화와 새로운 근대 문화가 격렬하게 충돌하면서도 공존하던 시기였습니다. 그런데 중후한 500년 역사에도 불구하고 조선의 종말은 아름답지 못했습니다. 전통을 잘 보존·계승하지도 못했고, 시대에 잘 적응하여 자주적 근대 국민 국가로 변신하지도 못했습니다. 그러기는커녕 나라를 들어 통째로 일본에 내주는 바람에 오늘날 우리에게까지 통일된 자주적 민족 국가 건설의 과제를 미루는 결정적 과오마저 범했습니다. 그러나 이 모든 것을 조선 왕조와 그 시대 사람들의 탓으로만 돌릴 수는 없습니다. 많은 사람이 새로운 시대를 주체적으로 열기 위해 참으로 열심히 싸웠건만, 의도와 반대되는 결과를 내놓기 좋아하는 역사의 신은 특히 그 시절 엄청난 심술을 조선 사람들에게 부렸습니다. 독자는 그 비장하고 거대한 '시행착오'의 과정을 이곳 '야외전시'에서 사진과 '타이포그래피'의 대비 속에 살펴보게 될 것입니다.

인천국제공항 : 인천광역시 중구에 자리잡은 국제공항. 서울 도심에서 서쪽으로 52km, 인천항에서 15km 떨어져 있다. 21세기 수도권 항공 운송의 수요를 분담하고 동북아시아의 중추 공항 역할을 담당하기 위해 1992년 11월에 착공했으며, 영종도와 용유도 사이를 매립하여 2000년 완공했다.

조선, 세계 앞에 서다

1883년(고종 20년) 1월 인천이 개항되었다. 제물포라고 불리던 인구 70여 명의 작은 어촌이 졸지에 세계를 향해 열렸다. 일본이 이곳을 개항장으로 요구한 것은 "월미도의 정박지가 영종도·대부도 등에 둘러싸여 있어 풍랑이 있더라도 큰 파도가 칠 걱정이 없었기" 때문이다. 그때 조선 정부는 "인천은 서울의 목구멍이라 개항하면 인심이 소란해질뿐더러 수륙 물자 반입이 혼란해지고 서울 경제가 혼란에 빠질 것"이라며 반대했다. 그러나 역부족이었다. 활짝 열린 인천항은 1893년에 76척이 입항한 국제 무역항이 되었고, 조선은 이곳에서 미국을 시작으로 영국·독일·러시아·이탈리아·프랑스·오스트리아·벨기에·덴마크 등과 잇따라 외교 관계를 맺었다. 척화비에 열광하며 쇄국을 고수하던 사람들은 충격에 빠졌고 "침묵이냐 저항이냐"의 양자택일로 내몰렸다.

洋夷侵犯

非戰則和

主和賣國

서양 오랑캐가 쳐들어왔는데 싸우지 않으면 화친하는 것이요, 화친을 주창하는 것은 나라를 팔아먹는 짓이다 ─ 척화비

그리고 100여 년이 지났다. 2001년 3월 29일 인천항에서 15km 떨어진 곳에 또 다른 항구가 개항했다. 바다가 아니라 하늘을 통해 세계로 열린 인천국제 공항. 이 공항은 서울 도심에서 52km밖에 떨어져 있지 않지만 그런 이유로 개항을 반대하는 한국인은 아무도 없었다. 오히려 너무 멀지 않느냐는 걱정이 있었을 뿐. 421만 평에 이르는 공항은 30초마다 한 대의 항공기가 이착륙할 수 있으며 연간 53만 회의 운항과 1억 명의 여객, 700만 톤의 화물을 처리할 수 있다. 2004년 현재 이곳에서 뜨고 내리는 비행기는 하루에만 400대에 가깝다. 조상들이 개항은 나라를 팔아먹는 짓이라며 분개하기도 하고 인천이 뚫 리면 서울도 위태롭다며 걱정하기도 하던 게 불과 100여 년 전 일인데, 우리는 스스로 문을 활짝 열어젖히고 나날이 세계를 호흡하며 살아가고 있다.

吾頭可斷

此髮不可斷

내 목은 잘라도 이 머리칼은 자르지 못한다 ― 최익현

몸 도 세 계 속 으 로

1895년(고종 32년) 11월 17일(음력), 김홍집 내각은 전국에 단발령을 내렸다. 임금인 고종도 머리를 깎았고, 내부대신 유길준은 체두관(剃頭官)이라는 관리로 하여금 가위를 들고 거리나 성문 등에서 강제로 백성의 머리를 깎도록 했다. 이를 계기로 조선에도 이발사라는 직업이 생기게 되는데, 그 1호는 왕실 이발사 안종호라고 알려져 있다. 그러나 이러한 단발령은 엄청난 반발에 부딪혔다. "신체발부(身體髮膚)는 부모에게서 받은 것이니 감히 훼손하지 않는 것"이 효도의 시작이라는 진통적 사고방식 때문이었다. 단발령은 최익현을 비롯한 선비와 백성이 의병을 일으키는 계기가 되었고 단발령을 주도한 세력이 얼마나 미움을 받았던지 김홍집은 폭동을 일으킨 군중에게 맞아 죽기까지 했다. 이후 강제 단발은 철회되었으나 신체의 서구화는 꾸준히 진행되었다.

얼짱을 아시나요? : 인터넷상의 네이버 사전에서 "얼굴이 아주 잘 생긴 사람, 즉 짱나게 잘생긴 사람"으로
정의되는 '얼짱' 이란 말은 외모에 대한 21세기 한국인의 집착을 훌륭하게 대변해 준다.

그리고 100여 년이 흘렀다. 2003년, 인터넷을 통해 순식간에 퍼져 버린 '얼짱' · '몸짱' 열풍이 전국을 강타했다. 사람들이 개성적이고 멋진 외모를 연출하기 위해 머리털을 온갖 색깔로 물들이고 볶고 빡빡 밀어 버리는 건 이미 오래 전에 정착된 풍속. 잘생긴 외모를 갖기 위해 '왕눈이 수술' · '광대 축소술' 등 성형 수술에 매달리는 사람이 부쩍 늘어났고, 한국인의 얼굴을 서구적 기준에 맞도록 깎고 붙이는 데 일가견이 있다는 성형외과들이 세계 최고의 호황을 누렸다. 이런 추세에 대해 외모를 가꾸려는 노력은 존중받아야 한다는 사람도 있고, 인종·성·종교·이념에 이어 외모가 새로운 차별 기준으로 떠올랐다며 걱정하는 사람도 있다. 그런 가운데 21세기 한국인의 몸은 점점 더 세계화(서구화)되어 가고 있다.

마음도 세계 속으로

1886년(고종 23년) 조선과 프랑스 사이에 수호통상조약이 체결되었다. 그런데 여기에는 미국이나 영국과의 조약에서 볼 수 없었던 조항이 하나 들어갔다. "학습하고 교회(教誨)하는……자는 고루 보호받는다." 여기서 '교회'라는 말은 '가르치고 깨우친다'는 뜻으로, 넓게 해석하면 종교 활동도 포함되는 것이었다. 프랑스는 그렇게 해석하고 본격적으로 서학, 즉 가톨릭의 포교에 나섰지만 조선은 이를 인정하지 않았다. 그동안 서학은 100년이 넘도록 조선에서 비판과 탄압의 대상이 되어 왔다. 정학(正學)인 성리학을 지키고 사학(邪學)인 서학을 배척한다는 '위정척사'의 논리가 그 바탕이었다. 그러나 대세는 거의 기울었고 1900년에는 전국의 가톨릭 신자가 4만여 명에 이르렀다. 위정척사는 탄압하는 입장에서 저항하는 입장으로 바뀌어 갔다.

성공회 강화성당 : 인천광역시 강화군
강화읍 관청리에 있는 한국 최초의 성당.
성공회유지재단 등이 소유·관리하고 있다.
성공회는 가톨릭에서 분리된
영국 국교(國敎)이다. 정면 4칸,
측면 10칸. 면적 6452㎡. 사적 424호.

西學

無父無君之敎

서학은 아비도 임금도 없는 종교이다

그리고 100여 년. 1999년 통계에 따르면 대한민국의 15세 이상 인구 가운데 가톨릭과 개신교를 합친 그리스도교, 즉 '서학' 인구는 25.5%로 0.7%에 불
과한 유교 인구를 압도하고 있다. 유교가 종교라기보다 사회 윤리에 가까운 것이라고 볼 때는 물론 이 비교가 무의미하지만, 그리스도교 인구의 절대적 증
가는 그 짧은 역사에 비추어 볼 때 놀라운 일이다. 신자의 수로 보면 26.3%를 차지하는 불교가 그리스도교보다 많지만, 적극적으로 종교 활동에 참가하는
사람은 아무래도 그리스도교가 가장 많다. 또 그리스도교 신자가 아니더라도 이 종교와 관련된 서구적 사상 체계와 문화는 한국인의 생활 속으로 매우 깊숙
이 들어와 있다. 불교 사찰의 모습을 한 성공회 강화성당(사진)은 오랜 전통을 가진 사회에 뿌리내린 새로운 세계관을 뚜렷하게 상징하는 듯하다.

개화 (開化) ─ 근 대 를 향 한 엘 리 트 의 꿈

지금까지 살펴본 것처럼 19세기 후반 일본과 서구 세력이 밀려들어오면서 그 흐름을 거스르려는 조선 사람들의 시도는 하나도 성공하지 못했다. 조선은 세계를 향해 문을 열었고 몸도 마음도 점점 일본과 서구가 제시하는 세계적 표준에 맞추어 갔다. 100여 년 뒤 우리의 삶은 당시의 그러한 흐름이 더욱 거세지고 깊어졌음을 알 수 있다. 그렇다고 조선 말기를 살아간 우리 조상들이 앉아서 서구화의 흐름을 졸졸졸 따라갔던 것은 아니다. 많은 선각자들이 시대의 흐름을 읽으려고 안간힘을 다했고 온몸을 넌셔 소선을 그 흐름 속으로 이끌기 위해 싸웠다. 그러한 선각지들을 우리는 '개화파'라고 부르는데, 그 출발은 연암 박지원의 손자 박규수의 제자들(사진)이었다. 이들은 유학 사상을 바탕에 깔고 서구 사조인 일본의 문명개화론을 흡수하여 조선 사회의 개조에 나섰다.

開物成務
化民成俗

모든 사물을 깊이 연구, 경영하여 일신하고 또 일신해서 새로운 것으로 백성을 변하게 하여 풍속을 이룬다 — 「주역」

개화파 동지들
조선보빙사 민영익 일행이
미국에서 돌아온 뒤
갑신정변 직전에 찍은 사진.
서광범이 여행 기념
앨범을 들고 있다.
그 왼쪽이 민영익, 중앙에
학모를 쓰고 있는 학동은
박용하. 그는 최초로 학생
신분으로 일본에 유학했다.

이들 개화파 가운데 김옥균을 대표로 하는 급진 세력은 1884년 12월 일거에 자주적 근대 국민 국가를 수립하기 위해 정변을 일으켜 정권을 잡았다(갑신정변). 그들의 모델은 입헌군주국 체제 아래 '위로부터의 근대화'를 추진해 나간 일본의 메이지 유신이었다. 이 목표를 달성하려고 그들은 일본의 군사력까지 동원했다. 그러나 국내의 지지층이 엷은 상태에서 민씨 정권이 청나라 군대를 끌어들여 반격을 가하자 갑신정변은 3일 천하로 끝나고 말았다. 그것은 조선 사람의 힘으로 근대화를 이룩하려고 한 최초의 변혁 운동이었다. 그러나 이 운동이 실패한 결과 조선에서는 일본과 청나라 등 외세가 더욱 판을 치게 되었고 자주적 근대화의 길은 더 멀어져 갔다. 갑신정변의 주역들은 개혁의 조건과 외세의 정체를 분명히 인식해야 한다는 과제를 남긴 채 퇴장했던 것이다.

除暴救民
輔國安民

폭정을 없애고 백성을 구하며 나라를 지키고 백성을 평안케 한다 — 동학

보국안민 — 근대를 향한 민중의 꿈

1892년 충청도 보은에 모인 2만 군중은 '척왜양창의(斥倭洋倡義)'가 새겨진 깃발을 앞세웠다. 일본과 서구 세력을 배척하고 정의를 세우자는 뜻이다. 그들은 위정척사를 부르짖는 유림이 아니라 동학(東學)이라는 신흥 종교의 신도였다. 동학은 서학에 반대하는 종교라는 뜻이지만 이들이 세우려는 정의는 성리학적 질서의 회복이 아니라 후천개벽을 통한 만민평등의 지상천국이었다. 한편 1894년에는 전라도 고부에서 수천 명의 농민이 봉기했는데, 이들도 "서양과 일본을 몰아낸다"는 강령을 내세웠다. 이들 역시 기존 질서의 회복과는 다른 세상을 원했으니, 이는 "서울로 진격하여 권세와 탐욕의 무리를 쓸어 버린다"는 또 다른 강령에 분명히 나타나 있다. 기존 질서에도 반대하고 외세의 침략에도 반대하는 이 두 가지 흐름은 함께 '갑오농민전쟁'이라는 거대한 역사

만석보(萬石洑) : 전라북도 정읍시 이평면에 있던
관개용 저수지. 1892년(고종 29년) 전라도 고부군수로
부임한 조병갑이 백성을 동원하여 이 보를 쌓고도 그들에게
임금을 주지 않았을 뿐만 아니라, 그 보의 물에다 세금을
많이 매겨 꿀꺽한 것이 700여 석에 이르렀다.
그 밖에도 여러 방법으로 군민의 재산을 착취했으므로 이에
분개한 군민이 전봉준을 지도자로 삼고 봉기했는데, 이것이
동학농민운동의 시초였다.

萬石洑遺址碑

적 사건을 빚어내게 된다. 동학 조직을 활용한 농민군은 그해 4월 홍계훈이 이끄는 경군을 격파하고 전주를 점령했다. 화들짝 놀란 민씨 정권은 청나라에
군대를 요청했고, 일본은 이를 구실로 5월에 아산만과 인천에 상륙했다. 이 국가적 위기 앞에서 농민군은 외국군 철수와 폐정 개혁을 조건으로 관군과 화약
을 맺었다. 그러나 농민군은 진격을 멈추었지만 일본군은 침략 야욕을 거두지 않았다. 그들은 청일전쟁을 도발한 뒤 민씨 정권을 무너뜨리고 온건개화파로
이루어진 친일 정권을 세웠다. 농민군은 일본에 맞서 다시 일어섰으나 10월 들어 완전히 무너졌다. 전쟁은 농민군의 의도와는 달리 오히려 외세의 침략을
앞당기는 결과를 가져왔다. 그러나 그러한 실패는 조선이 가고 있는 방향이 무엇인지, 조선 사람들 앞에 놓인 과제가 무엇인지를 분명히 드러내 주었다.

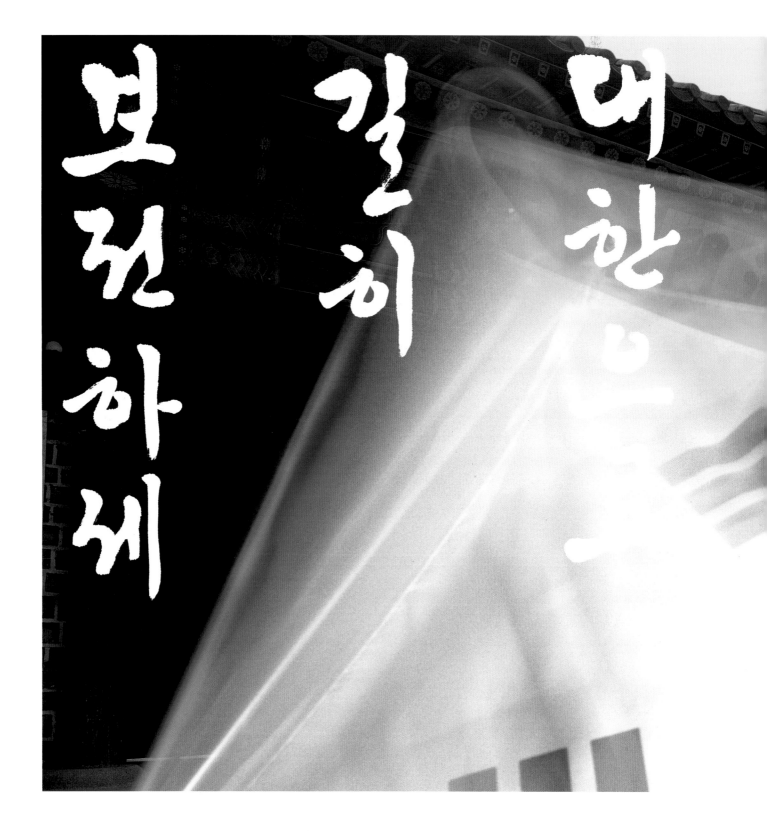

멀리 하세

길이

대한

태극기 휘날리며 — 조선이 남긴 과제

"상뎨여 우리 나라를 도으쇼셔 / 반만년의 역사 배달 민족 / 영원히 번영하야 / 해달이 무궁하도록 / 성디동방의 원류가 곤곤히 / 상뎨여 우리 나라를 도으쇼셔." 이 노랫말은 조선의 국호가 대한제국으로 바뀐 뒤 널리 불리던 「애국가」의 가사이다. 갑오농민전쟁 때 일본이 세운 온건개화파 정권은 농민군을 진압한 뒤 갑오경장이라는 근대적 개혁을 단행했다. 그 뒤부터 조선에서는 여러 종류의 '애국가'가 나와서 대한제국을 선포하던 1897년 무렵에는 각 지방에서 10여 종류가 불렸다고 한다. 위에 소개한 가사는 고종의 외교 고문이었던 독일인 에케르트가 작곡한 「대한제국 애국가」에 붙여 부르던 것으로 각종 행사에서 대한제국의 공식 국가로 연주되었다. 물론 그때마다 1883년(고종 20년)에 제정된 태극기가 대한제국의 공식 국기로 휘날리고 있었다.

태극기와 애국가 : 덕수궁 대한문 앞에서 펄럭이는 태극기. 현행 「애국가」의 가사는 윤치호가 지었다는 설이 가장 유력하다.

국기를 게양하고 국가를 연주한다는 것은 조선(대한제국)이 근대 국민 국가를 지향한다는 뜻이다. 그러나 갑신정변과 갑오농민전쟁의 개혁 에너지를 다 잃어 버리고 이루어지는 조선 사회의 근대화는 차와 포를 떼고 벌이는 장기판이나 다름없었다. 그 판은 이미 훈수꾼인 외세가 좌우하고 있었다. 애국 선열의 갖은 노력과 희생에도 불구하고 1910년 일본은 조선의 국권을 강탈했다. 조선은 근대 국민 국가로 거듭나는 데 실패하고 일본 제국의 식민지로 전락했으며 태극기와 애국가는 지하로 숨어들어갔다. 이제 자주적 근대화의 과제는 조선 왕조의 손을 떠나 식민지 민중의 손으로 들어갔다. 그리고 수없이 많은 제2·제3의 김옥균, 전봉준이 쏟아져 나와 우리 근현대사를 수놓았으며 그 싸움은 지금도 통일된 자주 독립 국가 건설을 향해 계속되고 있다.

조 선 생 활 관 3

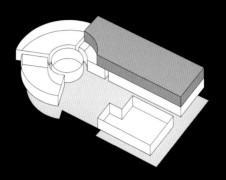
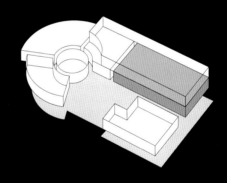
전시 PART I

이곳에서는 밖에서부터 밀어닥친 근대의 물결에 휘말린 끝에 식민지로 전락하기에 이르렀던 조선 말기 사람들의 삶을 두 전시실로 나누어 보여 줍니다. 「조선생활관 3」의 본문격인 '조선실 – 어느 삼대'에서는 시골 선비 – 개화 관료 – 식민지 지식인으로 이어지는 어느 삼대의 가족사를 통해 파란만장하고 변화무쌍했던 우리 근대 초기의 생활상을 들여다볼 수 있습니다. 이어지는 '특별전시실'에서는 「천하여지도」, 「곤여만국전도」, 「지구전후도」 등 조선 후기에 만들어진 세계 지도의 변화를 통해 서구적 세계관과 지리관을 접하면서 일어났던 그 시대 사람들의 의식 변화를 추적합니다.

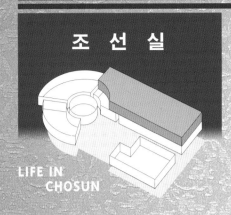

조 선 실

LIFE IN
CHOSUN

▲ **1935년에 찍은 '2대' 김성규 집안의 가족 사진 :** 사진 한가운데에 김성규가 있고 그의 뒤에 아들인 김익진과 김철진이 아버지를 호위하고 서 있다.
김성규의 무릎에는 손자인 김방한이 앉아 있다. 김성규의 왼편에는 부인이, 오른편에는 며느리들이 있다. 조선실의 주인공 삼대보다 한 세대 내려간
삼대의 모습이 담긴 사진인 셈이다. 하지만 조선실의 주인공 삼대 중 마지막 세대인 김우진은 이 무렵 세상을 떠난 지 이미 10년 가까운 세월이 흘렀기 때문에
이 사진에 등장할 수 없었다. 사진에 등장하는 남성은 대체로 양복을 입고 있는 반면, 여성은 한복을 입고 있다. 나라가 망한 지 벌써 25년이 흘렀건만
김성규가 여전히 옛 조선 시대의 관복을 입고 있는 것이 눈에 띈다. 그의 마음 한 자락은 여전히 조선 시대에서 살고 있는 것이다.

◀ 일본 유학 시절의 김우진
사각모에 학생복을 입은 전형적인
신지식인의 모습. 김우진은 일본에
유학하여 와세다 대학에서 근대적
문학 사상의 세례를 받았다.
그는 옷차림만큼이나 첨단을 걷는
인물이었지만, 시대와 어울리는
것이 쉽지만은 않았다. 그의 얼굴에서
근대적 지식인의 고뇌를 읽을 수 있다.

▼ 1926년 김우진이 자식과 찍은 사진
이제 갓 돌을 맞은 아들 방한이 무릎에
앉고 딸 진길은 학생복 차림으로
옆에 서 있다. 김우진은 이 사진을 찍은 지
얼마 되지 않아서 가족을 버리고 그
유명한 '출가'를 단행했다. 아들 김방한은
어문학을 전공한 아버지의 핏줄을
이어받은 덕인지 훗날 한국을 대표하는
언어학자로 성장했다.

어느 삼대(三代)
가족과 세대의 생활에 기록된 역사

가족의 역사는 할아버지·할머니에서 아버지·어머니로,
아버지·어머니에서 다시 아들·딸로 대를 이어 전해진다.
이러한 가족의 역사는 먼 옛날부터 오늘날까지 면면히 이어져 왔다.
가족의 역사책이라고 할 수 있는 족보에서 삼대의 역사는
고작 세 칸 분량밖에 차지하지 않는다.
과거 우리 조상들의 삶은 그만큼이나 변동의 폭이 작았다.
할머니의 삶과 어머니의 삶이 비슷했고, 어머니의 삶을 딸이
살아갔던 것이 과거 우리 조상들의 삶의 모습이었다.
하지만 바다 건너에서 근대의 물결이 몰아쳐 오고 우리 역사가
격동의 소용돌이에 말려들어 가면서 가족의 역사는 달라지기 시작했다.
어머니는 할머니와는 전혀 다른 세상에서 살아야 했으며,
딸은 어머니와 전혀 다른 삶을 살 수밖에 없었다. 아버지는 할아버지와는
다른 세계관을 가지고, 아들은 아버지와는 다른 인생관을 갖는 일도
종종 벌어지곤 했다. 세대 사이에 문화의 차이로 인한 오해와 갈등이
빚어지기도 했다. 이것은 역사의 물결이 너무도 빠른 속도로
휘몰아쳤기 때문이다. 개항 이후의 역사적 격동은 그 자취를 모든 가족의
역사에 고스란히 아로새겨 놓았다.

여기 한 가족이 있다. 김병욱-김성규-김우진으로 이어지는 삼대.
이들은 얼마간 알려져 있기는 하지만 그렇다고 그렇게 유명한 사람들은
아니다. 하지만 이들 삼대는 19세기 후반~20세기 전반의
격동기를 살면서 역사의 현장을 지켜봤고 채워 갔던 사람들이다.
19세기 후반 내우외환에 대한 위기 의식부터 개항과 '문명 개화'를 위한
노력, 새로운 문화의 도입과 근대적 지식인의 고뇌까지
모든 근대의 역정이 이들 삼대의 삶 속에 기록되고 있었다.
이제 우리 근대의 역사를 찾아 이들 삼대의 삶 속으로 들어가 보자.

근대라는 새로운 시대가 바다 물살을 헤치고 조선에 찾아왔다. 높이 솟은 굴뚝에서 시커먼 연기를 내뿜는
이상하게 생긴 배('이양선')에 실려서 조선 사람들을 찾아온 것이다. 근대는 바다를 건너온 낯선 것인 만큼
조선 사람들에게는 사뭇 신기하고 호기심을 불러일으키는 존재였다. 한편 조선 사람들은 그 신기함의
배후에 무엇이 도사리고 있을지 모른다는 두려움도 감출 수 없었다. 이제부터 우리가 살펴볼 삼대도 이처럼
바다를 건너온 근대와 맞닥뜨리는 것으로 그들의 '역사적 삶'을 시작하고 있었다.

시골 선비 김병욱(1808~1885)과 그의 시대

김병욱은 조선의 마지막 선비 세대였다. 그가 태어난 때는 정조가 죽은 지 여덟 해 되던 1808년(순조 8년). 정조 시대에 조선 사회가 화려하게 꽃피었다고 한다면, 앞으로 김병욱이 살아야 할 19세기는 그것이 농익어 가는 시대였다. 그러나 그것은 마치 서편 하늘을 찬란하게 물들이며 저물어 가는 황혼과도 같은 시대, 그러면서도 안팎으로 변화의 기운이 꿈틀거리던 시대였다. 안에서는 지배층의 착취에 시달리던 백성이 봉기하고 밖에서는 이양선이 출몰하던 불안한 시대를, 김병욱과 그의 세대는 선비 특유의 성리학적 가치관을 통해 바라보면서 고개를 갸웃거리고 있었다. 물론 김병욱의 눈으로 바라보는 이 시대의 모습은 한계가 있을 수밖에 없다. 그것은 어디까지나 사대부의 삶일 뿐 당시 백성은 그들과는 다른 시간 속에서 살고 있었다. 그들의 생각이 기록으로 남아 있지 않기에 우리는 김병욱의 시선 너머로 언뜻언뜻 비치는 그들의 모습이라도 최대한 포착해 보고자 노력했다.

▲ 『뇌서집』 : 김병욱의 문집. 뇌서는 김병욱의 호이며 모두 6권으로 이루어져 있다. 1907년 아들 김성규에 의해 필사본으로 작성되었으며, 1923년 손자인 김우진에 의해 활자본으로 간행되었다. 필사본은 국립중앙도서관 소장.

날씨가 차가워진 뒤에야 소나무가 늦게 시듦을 안다

시골 선비 김병욱은 쉰한 살이 되어서야 죽은 헌종의 빈소를 지키는 보잘것없는 벼슬에 올랐다.
경상도 문경 출신인 김병욱은 당대의 명문이었던 안동 김씨 가문의 한 사람이었다.
이러한 김병욱이 쉰이 넘어서야 벼슬길에 들어설 수 있었던 까닭은 무엇이며, 그의 시대와 어떤 관계가 있을까?

문경 촌놈 김병욱, 뒤늦게 벼슬길에 오르다

● 때는 19세기. 김병욱 같은 시골 선비는 여간 해서는 서울로 올라가 벼슬하기가 쉽지 않았다. 16,17세기까지는 경상도 하회 출신 유성룡이 영의정까지 올랐던 데서 알 수 있듯이 시골 선비도 높은 벼슬을 할 수 있었다. 그러나 18세기 이래 중앙 정치는 점점 서울과 그 주변의 양반을 일컫는 '경화사족' 의 차지가 되었다.

그나마 다행인 것은 김병욱이 안동 김씨였다는 사실이다. 그의 먼 친척인 서울의 안동 김씨 가문은 경화사족 가운데서도 알짜 집안으로, 나는 새도 떨어뜨린다는 세도 가문이었다. 김병욱은 일찍이 서울로 올라가 이 집안에 연줄을 대고자 애를 쓴 끝에 세도가 김수근의 문하에 들었고, 마침내 벼슬을 얻을 수 있었다.

세도가 집안임에도 촌놈이라는 이유로 쉰 넘어 가까스로 벼슬을 하는 닫힌 사회! 그곳에서 살아가는 사람들의 삶은 어떤 모습이었을까?

19세기 조선은 전통 문화를 지켜 나갔지만 그렇다고 해서 서양의 문물과 정보에 어두웠다고만 말할 수도 없다. 이때에도 18세기 북학(北學)의 전통을 이어받아 중국과 활발한 문화 교류를 벌였는데 이 과정에서 간접적으로 서양 문물을 받아들일 수 있었기 때문이다.

자명종 : 1631년 정두원이 처음 들여온 자명종은 정해진 시각에 종이 울리는 장치였다. 그림처럼 시침을 가진 자명종은 1723년(경종 3년) 중국에서 들어온 것을 모방하여 만든 것이 처음이다.

지구의 : 16세기 이래 서양은 대항해를 통해 확보한 지리 정보를 지구의에 집약했다. 이것이 중국을 거쳐 조선에도 전해져 조선 사람들의 세계관에 큰 영향을 미쳤다.

장식소품 : 청화백자 병들은 윗대에서 물려받은 것이고 나전칠기나 접시 등 기타 소품은 당대 구입한 수제품들.

▲ 「세한도」: 김정희가 정치적으로 힘을 잃어 불우한 처지가 되었을 때, 그런 자신에게 변함없이 사제의 의리를 지켜 준 이상적이라는 사람이 있었다. 이 그림은 그러한 제자의 의리를 날씨가 차가워진 뒤의 소나무에 비유하여 그린 것이다. 1844년(헌종10년). 종이에 먹. 23.3×108.3cm. 개인 소장.

날씨가 차가워진 뒤에야 소나무와 잣나무가 늦게 시드는 것을 안다 – 사대부 문화

● 여기 한 폭의 그림이 있다(위 사진). 메마른 둥치를 드러낸 소나무 세 그루와 초라한 집 한 채. 1840년(순조 6년) 정쟁에 휘말려 제주도에 귀양간 추사 김정희가 쓸쓸한 마음을 담아 그린 「세한도(歲寒圖)」이다.

◀ 잉어 무늬 접시
청화 안료 값이 싸지면서 19세기 사람들은 청화백자 생활용품을 애용했다. 단순한 선과 여백의 미를 좋아하던 이전 시기 사대부들과 달리 이들은 도안화된 무늬를 좋아했다.

▼ 해주반 : 문중 조직이 발달하자 손님 접대할 일이 많은 양반가에서는 상을 수십 개씩 마련했다. 행세하는 양반가라면 명품 상인 '남원반'이나 '해주반'을 들여놓았다. 단순한 형태를 좋아한 조선 중기 사대부와는 다른 미의식을 보여 준다.

해주반은 투각 기법을 써서 다리를 화려하게 장식한 것이 특징이다.

이 무렵 조선에서는 안동 김씨를 비롯한 몇몇 가문이 권력을 나누어 가진 채 어떤 변화도 용납하지 않았다. 김정희는 이러한 세태에 도전했다가 그만 화를 입었던 것이다. 그는 깊은 상처를 간직한 채 서화(書畵)의 세계에만 몰두했고, 그 결과 추사체라는 명품 서체를 남겼다.

김정희는 그림과 글씨뿐 아니라 학문과 사상에서도 최고의 경지에 올랐다. 그것이야말로 18세기에 꽃핀 조선 문화가 무르익어 이제 난숙의 경지에 달했다는 증거이다. 그러나 그가 겪은 운명에서도 볼 수 있듯이, 그러한 난숙함으로도 저물어 가는 시대를 돌이키기는 힘들었다. '세한도'라는 제목은 "날씨가 차가워진(歲寒) 뒤에야 소나무와 잣나무가 늦게 시듦을 안다"라는 공자의 말에서 유래한 것으로, 기울어 가는 세태와 그 속에서 홀로 꼿꼿한 김정희 자신을 비유하고 있다.

"우리가 이래 봬도 추사의 제자" – 중인층의 성장과 좌절

● 김정희는 많은 제자를 두었는데 그 중에는 유독 중인이 많았다. 중인은 낮은 직급의 벼슬만 할 수 있는 신분으로 양반 중심의 사회와 문화에서는 소외되어 있었다. 그랬던 그들이 19세기 양반 문화의 최고봉 가운데 하나인 추사 김정희의 제자라니!

이런 현상은 중인층의 문화적·경제적 역량이 18세기 이래 꾸준히 성장해 온 덕분이었다. 그들은 실무 관료였으므로 당시 번성한 한양의 유통 경제에 깊숙이 손을 대어 많은 돈을 벌었다. 또한 양반들이 한데 모여 시를 겨루곤 하던 시회(詩會)라는 것을 자기들끼리 만들어 즐기기도 했다. 그런 가운데 실력이 늘어나 김정희가 아끼는 제자들까지 배출한 것이다.

이 정도 성장했으니 이젠 권력에도 눈독을 들일 때가 되었다. 1851년(철종 2년) 철종이 경릉에 행차한 사이에 조정 각 부서의 기술직 중인 1670명이 건의서를 올렸다. 신분적 제약을 풀어 중인도 사헌부·사간원 등의 언관(言官)이나 6조의 정랑 같은 '청요직(淸要職)'을 달라는 요구였다. 청요직은 과거에 급제한 양반도 탐을 내는 노른자위 직책인데, 그것을 달라는 것은 그야말로 양반 중심 사회에 대한 정면 도전이 아닐 수 없었다.

그러나 중인층이 성장한 것도 19세기의 현실이요, 그들의 요구를 받아들이기에는 너무 폐쇄적이었던 것도 당시의 현실이었다. 그들의 요구는 묵살되었고 많은 중인이 김정희처럼 세상 밖으로 밀려난 처지가 되고 말았다.

돼지 팔아 한 양반 소 팔아 두 양반 – 성장하는 서민의 세계

● 양반이 아니면, 아니 양반이라고 해도 경화사족 아니면 벼슬하기가 하늘의 별 따기. 이것이 19세기의 엄연한 현실이었다. 그러나 양반이 되는 것은 쉬웠다. 전에는 양반이라면 문무반 벼슬을 한 지체 높은 집안만을 일컬었는데, 어느 때부터인가 너나할 것 없

이 양반 행세를 해서 저자 거리에서조차 "이 양반 저 양반" 하는 소리가 들릴 지경이 되었다. 왜 이렇게 되었을까?

조선 후기에 경제가 발달하면서 일반 백성 가운데도 재산을 모은 사람들이 많이 생겨났다. 이런 사람들을 '요호부민(饒戶富民)'이라고 부르기도 하는데, 그들은 내친김에 양반 노릇도 하고 싶었다. 그것은 양반이 누리는 문화가 부러웠기 때문이기도 하려니와 양반이 되면 군포(軍布)를 면제받는 등 실제 이득도 컸기 때문이다. 그래서 족보를 사고 호적을 위조하는 등 수단과 방법을 가리지 않고 양반이 되려 했다.

그런데 양반은 호적만 고친다고 될 일이 아니었으며 양반에 걸맞게 행동해야 했다. 양반으로서 해야 할 행동 가운데 가장 중요한 것이 제사를 정성껏 모시는 일이었다. 그래서 19세기 들어 양반을 자처하는 사람들이 늘어나면서 제사 문화가 확산되었다. 전에는 몇몇 내로라 하는 가문에서만 제사를 지냈는데, 이젠 일반 백성도 밥술이라도 뜨는 집안이면 제사를 지내게 되었

다. 제사를 지내려면 병풍이 있어야 하는데, 전부터 제사를 지내오던 집안은 걱정이 없지만 이제 막 제사를 지내기 시작한 서민은 새로 병풍을 장만해야 했다. 그들은 병풍뿐 아니라 집안에 그림이라도 몇 폭 걸어 놓고 싶어했는데, 그 그림의 취향은 사대부의 그것과 같을 수만은 없었다. 그래서 서민의 기호에 맞춘 그림들이 많이 나타났는데, 이를 훗날 식민지 시기에 민화(民畵)라고 불렀다.

백성도 책을 읽다 – 방각본의 세계 ● 예전에는 책은 양반님네의 전유물이었다. 그때 책은 선비의 사랑방에 고이고이 간직되어 있는 것이 보통이었다. 그런데 언제부터인가 이러한 책이 일반 백성의 손에까지 들어가기 시작했다. 돈만 있으면 장터에서 얼마든지 책을 살 수 있었는데, 이런 상업적 출판물이 '방각본'이다. 이러한 방각본은 19세기에 가장 활발히 출판되었으며, 그 중에는 『천자문』을 비롯한 교재류가 가장 많았다. 이 무렵 일반 백성도 자식들이 이름 석 자

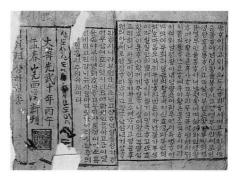

▲ **방각본** : 상업 출판물. 대부분 서울·전주를 비롯한 도시에서 간행되어 당시 발달한 유통 경제와 밀접한 관련이 있음을 보여 준다. 『천자문』·『동몽선습』·『명심보감』 등 교재류와 『심청전』 등의 소설이 대부분이었다. 서울에서는 방각본 소설을 읽어 주는 직업이 있을 정도였다.

정도는 자기 손으로 쓸 수 있도록 하고 싶었기 때문에 자식을 서당에 많이 보냈다. 그런데 양반들은 집에서 대대로 전해져 내려오는 교재가 있는데다 천자문 정도는 자기가 직접 써서 가르칠 수 있었지만, 글 모르는 일반 백성은 그럴 수가 없었다. 그래서 하는 수 없이 장터에서 책을 사서 자식 손에 쥐어 줄 수밖에 없었다.

▲ **열화당** : 1815년(순조15년)에 세워진 사랑채 건물. 대표적인 지방 상류 사대부 주택인 강릉 선교장의 한 부분이다. 기단 부분을 벽돌로 만든 것을 보면 이전 주택보다 장식성을 중시하고 있음을 보여 준다. 사랑채 앞면에 설치한 차양은 함석으로 만들어져 이국적인 느낌을 준다. 이 차양은 사랑채보다 늦게 설치되었다.

바싹 마른 조선의 들판에 '민란'의 불이 번지다

백성의 봉기가 휩쓸고 간 직후, 쉰다섯의 김병욱이 충청도 연풍 현감으로 부임하려 하자 주변 사람이 모두 말렸다.
고을 살림이 전국에서도 손꼽을 만큼 한심하고 민란의 불씨도 살아 있다는 것이 그 이유였다.
김병욱은 이를 물리치고 자신있게 부임했지만 상황은 비관적이었고 조선이 기울어 가는 모습은 너무도 분명했다.

◀ **단성 향교** : 임술민란의 도화선이 된 단성 민란의 현장. 단성 백성은 이곳에서 열린 향회에서 지방관의 조세 수탈에 맞서 항쟁할 것을 결의하고 행동으로 옮겼다. 이 사건은 이웃한 고을인 진주의 민란으로 번졌다. 경상남도 산청군 단성면 강루리. 경상남도 유형문화재 제88호.

김병욱, 연풍 현감으로 부임하다 ● 김병욱이 충청북도 괴산군의 연풍 현감에 임명된 것은 임술년, 즉 1862년(철종13년) 12월이었다. 그 해에 곳곳에서 민란(백성의 봉기)이 일어났지만, 김병욱은 주변의 만류에도 불구하고 기어코 임지에 부임했다. 연풍은 그가 나고 자란 문경과 산 하나 사이라서 그 형편을 잘 아는지라 잘 다스릴 수 있다는 자신이 있었기 때문이다.

그러나 막상 부임하여 돌아보니 한심하기 짝이 없었다. '임술민란'은 이곳을 비켜갔지만, 사정은 그런 난리가 몇 번 일어나고도 남을 만했

다. 백성은 가난한데 고을에서 여러 해 걷은 세금은 서류상에만 있을 뿐 온데간데없었다. 지방관과 아전들이 떼어먹고 훔쳐 가는 것이 관행이 된 지 오래였다. 조정에서는 빨리 세금을 올려 보내라고 성화인데 백성에게 다시 걷자니 아우성을 칠 것이 분명했다. 하는 수 없이 김병욱은 자기 녹봉을 다 털어 넣고 철공장(鐵店)을 운영하여 그 수입으로 세금을 충당하려 했다. 하지만 그것은 미봉책에 지나지 않았고 김병욱 혼자 힘으로는 도저히 상황을 바꿀 수 없었다.

임술 민란 이야기 ● 이러한 사정은 연풍뿐 아니라 고을마다 매한가지였으니 민란이 일어나지 않는 것이 오히려 이상했다. 그 시작은 다음과 같았다. 그해 2월 경상남도 진주 장터에 수만 명의 백성이 모여들었다. 그들은 머리에 흰 수건을 두르고 손에는 나무 몽둥이를 든 채 읍내로 쳐들어갔다. 그리고 집들을 불태우고 아전과 서리를 두들겨 팼다.

원인은 역시 세금 문제였다. 걷은 세금을 지방관과 아전이 슬금슬금 다 떼어먹는 바람에 관청 곳간이 텅 비자 백성에게 다시 걷어서 이를 채우려 했던 것이다. 이 봉기에는 '초군(樵軍)'이라고 불린 일반 백성도 참여했지만 이를 이끈 것은 유계춘·이명윤 등 시골 양반이었다. 이 가운데 이명윤은 홍문관 교리까지 지낸 쟁쟁한 인물이었다. 이들이 나선 이유는 관청이 아주 가난한 사람보다는 양반 등 밥술깨나 뜨는 사람에게서 세금을 뜯어내려 했기 때문이다.

민란은 여럿이서 말로 호소하는 등소(等訴)로 시작되었다. 이 단계에서 문제가 해결되지 않으면 무력을 썼다. 몽둥이나 괭이 등을 들고 관아를 습격하면 주공격 대상은 평소 원한의 대상이었던 아전들이었다. 지방관에게 공격을 가하지는 않았다. 그것은 곧 국왕에 대한 도전으로 여겨졌기 때문이다. 따라서 지방관은 업어다가 고을 경계 밖에 버리고 오는 것이 고작이었다.

봉기를 주도한 유생. 민란의 실제 주도자는 양반 계층이었다.

- ● 평안도 농민항쟁(1811)
- ● 임술민란(1862)
- ● 고종조 민란(1864~1894)

평안도 농민항쟁시
홍경래군의 점령지

진주에서 발생하여
삼남 각지로 파급.

제주

◀ 19세기 민중항쟁
1862년 2월 진주에서 일어난
민란은 연못 한가운데 돌을 던지면
동심원을 그리며 물결이 퍼져 나가듯
그해 연말까지 전국 72개 군현으로
파급되었다. 민란 그 자체는
고을을 단위로 한 지역적 사건이었지만
고을마다 형편이 비슷했기 때문에
연쇄 반응을 일으킨 것이다.
전국 가운데에서도 민란의 물결이
주로 미친 곳은 당시 농업 중심지였던
삼남 지방이었다.

▲ 『정감록(鄭鑑綠)』 : 이 책은 불온 서적이었기 때문에 공식적으로 출판되지 못하고 보통 손으로 베껴 적어 은밀하게 전해졌다. 이 책을 읽고 깊은 산속으로 숨어드는 사람이 많았다고 한다. 조선이 망한 뒤에야 정식으로 출판됐다.

아주 가난한 백성한테는 빼앗으려고 해도 빼앗을 것이 아무것도 없었으니까. 이렇듯 진주에서 시작된 민란은 마른 들판에 불이 번지듯이 전국으로 번져 갔으니 이를 '임술민란' 이라고 한다.

'죽지 않은 홍경래'

● 임술민란이 전국을 휩쓸고 있을 때 평안도 백성 사이에는 홍경래라는 사람이 돌아와 그들을 이끌지도 모른다는 소문이 돌았다. 홍경래가 누구인가? 50여 년 전 조정의 평안도 지방 차별과 수탈에 항거하여 봉기했던 인물이다.

평안도에서는 조선 후기 이래 중국과 무역이 활발하게 이루어지고 상공업이 눈부시게 발달했다. 그러자 조정은 노골적으로 평안도를 수탈했다. "평안 감사도 제 하기 싫으면 그만" 이라는 속담이 있는데, 이것은 이 지역의 수탈이 심해 감사로 부임하면 챙길 것이 많다는 뜻이었다.

이러한 차별과 수탈에 맞선 서른 살의 시골 양반 홍경래는 100여 일간의 정주성 전투에서 정부군과 당당히 맞서 처절하게 싸웠지만 결국 패배했다. 그 후 평안도에는 "홍경래가 아직 죽지 않았다" 는 소문이 끊임없이 나돌았다.

조선이 아닌 세상을 꿈꾸며

● 홍경래는 단순한 저항을 넘어 조선 왕조 자체에 대해 반기를 들었다. 그때 그가 들고 나온 것이 『정감록』 (사진)이라는 비기(秘記). '비기'란 길흉화복을 미리 예언한 기록을 말하는데, 『정감록』은 16세기에 나와 조선 왕조의 멸망을 예언한 책으로 19세기의 난세를 맞으면서 더욱 백성들의 마음을 끌기 시작했다.

이 책에는 조선 왕조가 곧 말세를 맞이하여 혼란이 잇따를 것이니 열 군데 좋은 땅으로 피난을 해야 한다고 적혀 있다. 또한 정씨 성을 가진 '진인(眞人)' 이 나타나 말세로부터 백성을 구원해 주리라는 예언이 담겨 있다. 이것은 조선판 메시아 사상으로 새로운 세상을 꿈꾸던 사람들에게는 중요한 정신적 근거가 되었다.

『정감록』보다 오래된 전통 메시아 사상으로 미륵 신앙을 빼놓을 수 없다. 이것은 도솔천이라는 곳에서 도를 닦고 있는 미륵 부처가 세상에 내려와 만백성을 구제해 줄 것이라는 믿음이다. 후삼국 시대에 궁예가 미륵을 자처하며 세력을 모았고 19세기 동학교도 이필제가 농민 봉기를 일으킬 때에도 미륵 신앙을 들고 나왔다.

민란의 불씨는 꺼지지 않고

● 임술민란의 불길은 그 해가 끝나갈 무렵에야 잦아들기 시작했다. 민란이 한창일 때 조정은 '삼정이정청(三政釐整廳)' 이라는 특별 대책 기구를 설치하고 서울과 시골의 모든 선비에게 민란을 진정시킬 개혁안을 올리라고 명령하는 호들갑을 떨었다. 그에 따라 수백 명의 선비가 자신의 견해를 밝힌

건의안을 제출했으며, 우리의 주인공 김병욱도 이러한 분위기 속에서 『태평오책』이라는 건의안을 낸 바 있었다.

그러나 민란이 잦아들기 시작하자 조정의 호들갑은 언제 그랬냐는 듯 흐지부지되고 말았다. 결국 민란의 불씨는 꺼지지 않고 속으로 타들어 가다가 30여 년이 지난 1894년 갑오농민전쟁이라는 엄청난 불길로 타오르게 되었다.

▲ 도솔암 마애불 : 전라북도 고창군 선운사 뒷산에 있는 마애불. 부처의 배꼽에 들어 있는 비결이 세상에 나오면 세상이 바뀐다는 전설이 있다. 갑오농민전쟁 2년 전 동학 접주 손화중이 그 비결을 꺼내 보고 백성의 마음을 사로잡았다고 한다. 보물 1200호.

서양 오랑캐 출현에 한양이 텅 비어 버리다

1 9 세 기 조 선 ❸ 외 환 (外 患)

임술민란이 전국을 휩쓴 지 4년 만인 1866년(고종3년) 어느 날, 갑자기 도성인 한양이 텅 비어 버리는 사태가 일어났다.
'서양 오랑캐'의 군함이 쳐들어와서 곧 도성이 함락될 지도 모른다는 흉흉한 소문 때문이었다.
그러나 당시 한양으로 올라가 벼슬을 살고 있던 우리의 주인공 김병욱은 '마지막 선비 세대'의 자존심을 걸고 자리를 지켰다.

◀ ▲ **강화도 경고비와 덕진진** : 초지진 광성보와 함께 강화해협을 지키는 주요 요새지. 병인양요 때는 양헌수 부대가 이 진을 통해 정족산성에 들어가
프랑스군과 전투를 벌였으며, 신미양요 때는 미국 함대에 맹렬한 포격을 가한 곳으로 유명하다. "다른 나라의 배는 어떠한 경우에도 통과할 수 없다"는 뜻의
경고비가 서 있다. 사적 226호.

화이팅, 김병욱! ● 때는 1866년 가을. 인천 앞바다에 나타난 프랑스 함대가 한강을 거슬러 한양 턱밑까지 다가왔다. 그들은 염창동 나루에 진을 친 조선 수군의 방어선을 격파하고 거침없이 서강까지 진출했으니, 언제 도성까지 밀려들어올지 알 수 없는 노릇이었다.

임금이 도성을 버릴 거라는 소문이 파다한 가운데 사람들은 피난 짐을 꾸리느라 공황 상태에 빠졌다. 중국을 다녀온 사신들에 따르면 대국인 중국도 서양 오랑캐의 강력한 함대는 감당할 수 없어서 판판이 깨지고 있다고 하니 어찌 두렵지 않을쏘냐. 1860년(철종 11년)에는 영국과 프랑스 군대가 북경을 함락시켜 중국 황제가 급히 피난하는 수모까지 당했다고도 했다.

어느 재상은 김병욱에게 "왜 서둘러 고향에 내려가지 않느냐?"라며 피난갈 것을 권유하기도 했다. 그러나 김병욱은 도리어 소리를 버럭 질렀다. "일국의 재상이라는 사람이 어찌 그런 무책임한 말을 할 수 있소이까?"

그러고는 직접 격문을 두 통 지어 조정과 백성에게 서양 오랑캐와 맞서 싸우자고 호소했다. 우리는 그의 모습에서 500년을 이어온, 그리고 이때까지도 아직 죽지 않고 있었던 조선의 선비 정신을 볼 수 있다.

"조선이 선교사 9명을 죽였으니 조선인 9천 명을 죽이겠다!" ● 서강까지 육박했던 프랑스 함대는 일단 중국으로 돌아갔다가 병력을 늘려 다시 쳐들어왔다. 이때는 한강을 거슬러 오르지 않고 곧장 강화성을 점령했다. 강화도가 서울로 들어가는 물길의 길목이므로 이곳만 틀어쥐면 조선 정부에서 자신들의 요구를 들어주지 않을 수 없으리라 판단했기 때문이다. 실제로 당시 20만 한양 주민의 식량과 생필품은 대개 강화수로를 통해서 수송되고 있었으니 이곳은 한양의 숨통이나 다름이 없었다.

그들의 요구는 조선의 국법을 어겨 처형된 프랑스인 가톨릭 선교사 9명에 대해 보상하라는 것이었다. 당시 조선은 가톨릭 선교를 금지했고 이를 어긴 이들을 여러 차례 박해했다. 그 와중에서 샤스탕·앵베르 등 프랑스 인도 목숨을 잃었다. 프랑스 함대는 만약 요구를 안 들어주면 조선인 9천 명을 죽이겠다고 협박했다.

그러나 선교사 문제는 핑계였을 뿐 그들이 진짜로 노린 것은 조선의 문호 개방이었다. 하지만 김병욱의 예에서 볼 수 있듯이 조선 정부는 호락호락하지 않았다. 정부의 지시를 받은 강화도의 양헌수 부대는 정족산성에서 프랑스군을 공격하여 가까스로 물리쳤다. '서양 오랑캐'의 약탈과 방화 끝에 폐허만 남은 이 전쟁을 '병인양요'라고 한다.

"호의에는 호의로, 악의에는 악의로" ●

19세기 전반부터 나타난 이양선에 대해 조선 사람들이 처음부터 적대적인 태도를 취했던 것은 아니다. 병인양요가 일어나기 반년쯤 전에 조선을 찾은 독일인 상인 오페르트는 "조선의 해안에 상륙하면 늘 호기심에 찬 조선인이 몰려들었으며 그들은 우리에게 생선을 비롯한 식료품을 나누어 주곤 했다"는 기록을 남겼다.

심지어 병인양요 당시에도 조선 정부는 프랑스군의 도발로 인해 전투가 벌어지기 전까지는 적대 행위를 하지 않았고 오히려 신선한 식료품을 제공하는 호의를 베풀었다. 이것은 조선 정부의 기본 방침. "그들이 호의로 나오면 우리도 호의로 대접하고 그들이 예절로 나오면 예절로 대접한다. 그러나 그들이 악의로 나온다면 우리도 그들을 적으로 대할 수밖에 없다."

1866년 6월 평안도 선천 해안에 도착한 미국 상선 서프라이즈호 선원들. 풍랑을 만나 표류하던 끝에 배는 난파되고 그들만 해안에 도착했다. 조선 정부는 이들을 거두어 치료해 준 뒤 북경을 통해 무사히 돌려보냈다.

반면 같은 해 9월 대동강을 거슬러 평양에 도착한 상선 제너럴셔먼호는 약탈 행위를 저지르다가 반격을 받아 불타고 말았다. 미국은 이 사건 때문에 무력 침공을 감행했지만(신미양요), 이 역시 조선의 문호를 개방하려는 핑계였다. 당시 미국도 조선 정부가 조난자들을 인도적으로 대우한다는 점은 인정하고 있었으니까.

▲ **미군이 강탈한 장수(將帥)의 기**
신미양요 당시 광성보를 점령했던 미군이 강탈한 조선군 지휘관의 깃발. 장수 '수(帥)'자가 적혀 있는 깃발이 다소 굴욕적으로 기울어 있다. 당시 조선군 지휘관은 어재연이었는데, 그는 부하 200여 명과 함께 이 전투에서 장렬히 전사했다. 이 깃발은 현재 미국 해군사관학교 박물관에 보관되어 있다.

서양 무명 이야기 – 개항을 둘러싼 논쟁

● 조선 정부는 이방인을 '되도록 호의를 가지고 대접하고자 했지만 문호를 개방하라는 그들의 요구는 거부했다. 당시의 집권자 흥선대원군은 전국에 척화비를 세워 이러한 뜻을 분명히 했다. 그는 왜 그렇게도 완강하게 문호 개방을 막으려 했을까?

한 가지 이유는 민생이었다. 당시에도 서양 물건은 뒷구멍으로 스며들어오고 있었다. 기계로 짠 값싸고 품질 좋은 면직물도 들어왔다. '서

양목(西洋木)'이라고 불린 이것이 대거 유입되자 국내 경제가 교란되기 시작했다. 베틀로 짠 국산 무명은 서양목과는 경쟁이 되질 않았다. 대책은 둘로 나뉘었다. 서양목 유입을 근본적으로 막을 수 없다면 차라리 양성화하고 거기에 세금을 매겨서 정부 재정을 늘리자는 주장이 한편에 있었다. 그러나 그것은 소수 의견이었다. 아직은 서양목이 민생을 위태롭게 한다는 원칙론이 우세했다. 대원군이 서양에 문호를 열 수 없었던 이유 가운데 하나는 바로 이것이었다.

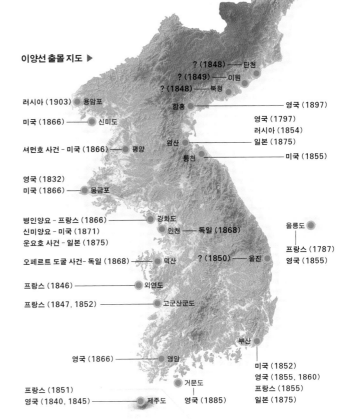

이양선 출몰 지도 ▶

- ? (1848) — 단천
- ? (1849) — 이원
- ? (1848) — 북청
- 러시아 (1903) — 용암포
- 영국 (1897)
- 미국 (1866) — 신미도
- 함흥
- 영국 (1797)
- 서면호 사건 - 미국 (1866) — 평양
- 원산
- 러시아 (1854)
- 일본 (1875)
- 통천
- 미국 (1855)
- 영국 (1832)
- 미국 (1866) — 몽금포
- 병인양요 - 프랑스 (1866) — 강화도
- 울릉도
- 신미양요 - 미국 (1871)
- 인천 — 독일 (1868)
- 프랑스 (1787)
- 운요호 사건 - 일본 (1875)
- 영국 (1855)
- 오페르트 도굴 사건 - 독일 (1868) — 덕산
- ? (1850) — 울진
- 프랑스 (1846) — 외연도
- 프랑스 (1847, 1852) — 고군산군도
- 부산
- 영국 (1866) — 영암
- 미국 (1852)
- 영국 (1855, 1860)
- 거문도
- 프랑스 (1855)
- 프랑스 (1851)
- 일본 (1875)
- 영국 (1840, 1845) — 제주도
- 영국 (1885)

◉ 외규장각의 귀중한 도서는 왜 파리에 가 있나

어람용
『영조묘호도감의궤』의 「반차도」 부분

▲ **프랑스군이 강탈한 의궤**: 국왕이 보는 어람용 의궤로, 초록색 장정에 아름다운 국화 무늬 장식이 다섯 개 박혀 있는 것이 특징이다. 사진은 규장각에 소장된 어람용 의궤인 『영조묘호도감의궤(英祖廟號都監儀軌)』와 그 속에 들어 있는 「반차도」. 세로 44.6cm.

프랑스 파리의 국립도서관에는 많은 수의 우리 고도서(古圖書)가 소장되어 있다. 이들은 종이의 질, 글씨, 채색, 제책 등 모든 면에서 다른 어떤 고도서보다도 훌륭한 귀중본이다. 그 내용을 살펴보면 주로 왕실 행사를 기록한 의궤(儀軌)가 대부분이다. 조선 왕실과 관련된 수많은 귀중본이 왜 이렇게 이역만리 프랑스 국립도서관의 서고에 가 있게 된 것일까? 1866년 프랑스 군대가 강화도를 점령했을 때 이들은 불법적인 약탈과 방화를 저질렀다. 당시 이들의 약탈 대상 가운데는 은궤·옥새 등의 귀중품과 함께 외규장각에 있던 책들도 포함되어 있었다.

규장각은 정조 때 만들어진 왕실 도서관으로 강화도에도 비상시를 대비한 서고를 두고 있었다. 이를 외규장각이라고 하는데 여기에 있는 책은 규장각에 있는 것과 내용은 같지만 임금이 보기 위한 것이라 종이의 질, 그림, 장정 등이 훨씬 좋았다. 이 책들이 병인양요 당시 약탈되어 프랑스로 옮겨진 것이다. 이들 외규장각 도서는 1975년 베르사유 별관의 파손된 창고에서 처음 발견되었으며, 1992년 주프랑스 한국 대사관이 프랑스측에 반환을 요청하면서 양국간에 논의가 시작되었다.

프랑스 파리 국립도서관

二代

개화 관료 김성규(1863~1935)와 그의 시대

김성규는 임술민란이 일어난 이듬해인 1863년(철종14년) 충청도 연풍 고을의 관아에서 태어났다. 그의 세대에 오면 조선의 풍경은 확 바뀐다. 조선은 '서양 오랑캐'와 잇따라 통상 조약을 맺고 나라의 문을 연다. 저항은 여전히 거세지만 서구적 근대를 따라가는 '개화'는 거스를 수 없는 대세가 된다. 이런 시대 상황 속에서 김병욱은 아들 김성규에게 유학뿐 아니라 신학문도 익히도록 했다. 김성규는 1만여 권의 장서를 가지고 있는 서울 친척 김승규의 집에서 유형원·정약용 등의 사상과 서양에서 들어온 수학을 함께 공부했다. 그 결과 그의 수학 실력은 조선에서 첫 번째로 꼽힐 수준에 이르렀다고 한다. 김성규는 그런 능력을 인정받아 1887년(고종 24년) 광무국 주사로 발탁되었으며, 그 뒤 여러 관직을 역임하면서 개화기 조선의 테크노크라트(기술관료)로 성장해 갔다.

▲ **명함** : 김성규가 1887년 홍콩에서 만든 명함.
이름과 직함이 영문으로 인쇄되어 있다.
김성규는 유럽 5개국에 주재하는 전권공사의 서기관
자격으로 출국했다가 홍콩에서 되돌아온 바 있다.

김성규가 홍콩에서 15개월 머물다 온 까닭은

1889년 1월 11일. '조선국' 외교관 김성규는 부푼 꿈을 안고 유럽으로 떠났으나 기착지인 홍콩에서 되돌아왔다.
10년 뒤 '대한제국' 기술 관료 김성규는 전라도에서 서양식 기자재로 토지 측량을 하고 있었다.
김성규는 왜 유럽으로 가지 못했으며, 왜 그의 나라는 10년 사이에 '조선국'에서 '대한제국'으로 이름이 바뀌었을까?

김성규, 토지 조사를 하다 ● 미국인 측량 기사가 측량 기구의 눈금을 뚫어져라 쳐다본다. 멀리서 조선인 조수가 장대를 들고 서 있다. 때는 1899년(광무3년). 전라남도 양무감리 김성규가 토지 측량을 감독하고 있는 현장이다. '양무감리'란 양전(토지 조사) 사업의 도별 책임자를 가리키는 말이니 수학 실력이 둘째가라면 서러운 김성규에게 딱 맞는 일이 아닐 수 없다.

양전 사업은 대한제국이 벌이고 있는 여러 개혁 사업 가운데서도 대표적인 것이라고 할 수 있다. 그것은 나라의 땅 전체를 서양에서 들어온 근대적 기준과 수치에 따라 다시 재는 일이었다. 땅의 규모를 세계 어느 곳에서나 똑같이 적용되는 방식으로 파악한 다음, 땅의 주인들에게 "당신의 땅은 세계적인 기준으로 따져서 얼마요."라는 소유권 증명서(지계)를 내주었다. 나중에 그 땅에 세금을 매기거나 사고팔 때도 똑같은 기준에 따라 액수가 매겨질 것이다.

그러니까 이 사업에는 대한제국이 근대 세계의 일원이 되겠다는 분명한 뜻이 담겨 있었고, 김성규는 그 사업의 최일선에 선 인물이었던 셈이다. 그런데 근대화를 하면 했지 나라 이름은 왜 바꿨을까? 10년 전으로 거슬러 올라가 조선국과 김성규에게 무슨 일이 있었는지 알아보자.

자전거와 우체부 : 자전거는 1890년대 초반에 들어와 우편배달부 등 말단 공무원의 '자가용'이 되었다.

토지조사사업은 대한제국 정부가 추진한 주요 국책 사업이었다. 중앙에는 총재관이 있어서 전국의 토지조사사업을 총지휘했고 지방에는 도별로 양무 감리가 있어서 휘하에 군마다 배속된 양무위원과 조사위원을 지휘했다. 양무위원이 현지에서 토지 측량을 하면 조사위원은 이렇게 작성된 토지대장을 검사하는 일을 맡았다. 기술진으로는 미국인 측량기사를 고용했고 그 밑에 기수보와 견습생을 두었다.

양무 감리 : 숙종 이래 처음인 양전 사업(1898~1904년)이 성공한다면 대한제국의 통치력을 만방에 과시할 수 있는 것. 양무 감리 김성규는 한 순간도 긴장을 늦출 수 없었다.

측량사 : 미국에서 초빙된 이 기사는 상당한 대우를 받았다. 당시 '측량사'라는 지위는 나라를 막론하고 대단히 높았으며 측량 때는 그 권위에 걸맞게 반듯한 제복을 갖추어 입었다.

▲ 김성규가 홍콩에서 찍은 사진 : 유럽으로 가던 중 홍콩에서 대기하고 있을 때 사진관에서 찍은 사진. 당시 나이 26세. 그는 이 사진을 우편으로 고국에 계신 모친에게 부쳤다.

▶ 태극 무늬 기념 메달
배꽃 속에 태극 무늬가 장식된 이 기념 메달은 최근 영국에서 발견된 것으로, 런던에 파견된 대한제국의 외교 사절이 기념품으로 증정하기 위해 현지에서 제작한 것으로 짐작된다.

'세계 속의 조선' ● 김성규가 '조선국'의 명을 받들어 유럽을 향해 떠난 것은 1887년(고종 24년) 10월의 일. 전권공사 조신희를 수행하여 영국·독일·러시아·이탈리아·프랑스 등 5개국에 주재하게 될 서기관 자격이었다.

같은 해, 또 다른 사신 일행이 길을 나섰다. 미국 주재 전권공사로 임명된 박정양 일행이었다. 그들은 제물포에서 미국 군함 오마하호를 타고 태평양 건너 미국 길에 올랐다.

당시 조선은 1876년(고종 13년) 일본과 맺은 강화도 조약을 시작으로 1880년대에 미국·유럽 각국과 잇따라 국교를 맺고, 이처럼 외교 사절을 파견했다. 김성규의 앞 세대가 그토록 외국에 대한 문호 개방을 거부하고 버티던 것과 비교하면 극적인 전환이 아닐 수 없었다. 바야흐로 '세계 속의 조선' 시대가 열린 셈이다.

첫 번째 해외 여행객은 외교 사절 ● 개항 이전에는 중국이 밖으로 열린 유일한 창문이었다. 나라 밖 문물과 정보는 북경에 갔다 오는 사신 일행을 통해서만 얻어들을 수 있었다. 그러나 이제는 조선 사람들도 중국뿐 아니라 세계 여러 나라로 여행을 떠나기 시작했다. 그리고 그 첫 번째 여행객은 바로 김성규·박정양 같은 외교 사절일 수밖에 없었다.

일본과 수호조약을 체결한 직후에는 김기수와 김홍집이 수신사로 일본에 다녀왔다. 미국에 전권공사로 가게 될 박정양은 일찍이 1881년(고종19년)에 조사시찰단으로 일본에 다녀왔다. 개항 이전에 일본을 왕래하던 통신사가 '말썽꾸러기' 일본을 교화하러 갔다면, 김기수나 박정양은 배우러 갔다. 우리 역사상 한 나라에 대한 태도가 짧은 시간에 이렇게 달라진 예는 찾아보기 어렵다.

1882년에는 미국에도 민영익·홍영식·서광범 등을 보빙사('초청에 응하는 사절')로 파견했다. 이때 수행원으로 따라갔던 유길준은 보스턴 시 근교에 있는 덤머 아카데미(Dummer Academy)란 학교에 입학하여 잠시나마 근대 학문을 익힐 기회를 갖기도 했다.

그 다음 여행객은 망명자 ● 조선이 정치적 격변에 휘말리면서 새로운 유형의 여행객이 나타났다. 1884년 갑신정변이 실패로 돌아가면서 이 정변에 참여한 사람들이 대거 망명 길에 오른 것이다. 김옥균은 일본으로 건너가 일본 정부의 냉대를 받으며 여러 곳을 전전하다가 중국에서 암살당했다. 서광범과 서재필은 미국으로 건너갔다. 이 가운데 서재필은 아예 미국에 정착하여 의사 자격증과 미국 시민권을 획득했

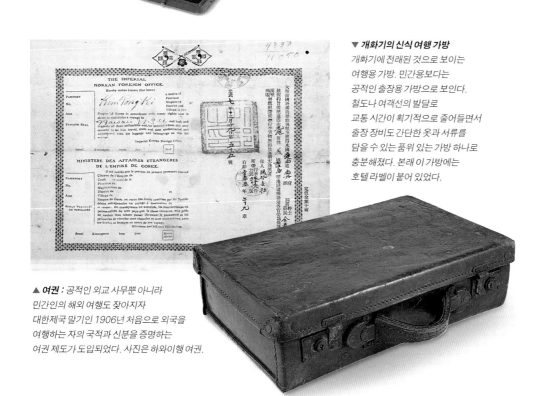

▼ 개화기의 신식 여행 가방
개화기에 전래된 것으로 보이는 여행용 가방. 민간용보다는 공적인 출장용 가방으로 보인다. 철도나 여객선의 발달로 교통 시간이 획기적으로 줄어들면서 출장 장비도 간단한 옷과 서류를 담을 수 있는 품위 있는 가방 하나로 충분해졌다. 본래 이 가방에는 호텔 라벨이 붙어 있었다.

▲ 여권 : 공적인 외교 사무뿐 아니라 민간인의 해외 여행도 잦아지자 대한제국 말기인 1906년 처음으로 외국을 여행하는 자의 국적과 신분을 증명하는 여권 제도가 도입되었다. 사진은 하와이행 여권.

▲ 상품 엽서 : 외국에서 만들어진 조선 식품을 소개한 엽서이다. 기와집들은 그럴듯하지만 엽서에 그려진 조선 사람은 거의 서양인에 가까워 보인다. 조선 상품이 해외에 소개되고 있었음을 보여 주는 특이한 유물이다.

▲ **외교관 오찬** : 1888년 초봄 외무대신 조병식의 오찬에 초대받은 미국 총영사 사이에 롱 대령이 직접 찍은 사진을 정교한 그림으로 재현한 것. 한복 차림에 와인을 곁들인 양식, 젓가락으로 양식을 먹고 있는 사람 등이 인상적이다.

전권공사의 밀서와 함께 홍콩에서 찍은 사진 몇 장을 지닌 채 허탈한 마음을 안고 귀국할 수밖에 없었다. 근대 이전의 외교 관계가 근대 세계로 나아가는 조선의 발목을 잡고 있었다.

박정양이 미국에서 앓아 누운 까닭은? ●
미국으로 간 박정양 일행도 출발 전부터 중국의 온갖 압력에 시달렸다. 자기네 속국이 전권공사를 파견하는 것은 격에 맞지 않는다는 것이었다. 조선 주재 미국 공사가 강력히 항의하는 바람에 박정양은 거우 출발할 수 있었다.

태평양을 건너고 미 대륙을 가로질러 워싱턴에 도착한 박정양은 그곳에 공사관을 차리고 클리블랜드 대통령과 베어드 국무장관을 만나 국서를 전달하는 것으로 외교 업무를 시작했다. 하지만 여기서도 미국 주재 중국 공사의 간섭은 계속되었다. 미국 국무장관을 만나면 "왜 중국 공사 허락 없이 혼자서 만났느냐?"고 따졌으며, 공식 회합이나 연회에서는 조선 공사가 중국 공사보다 낮은 자리에 앉아야 한다고 우겼다.

박정양은 이러한 간섭과 압박에 못 이겨 병이 들었고, 결국 부임한 지 1년 만에 중국의 압력으로 소환당하고 말았다. 중국과의 조공·책봉 관계를 청산하지 못하는 한, 조선은 근대 세계의 반쪽짜리 일원밖에는 될 수 없었다.

으니, 그의 미국 이름은 필립 제이슨이었다.

한편 본격적으로 공부를 하기 위해서 해외로 나가는 사람도 나타났다. 유길준은 보빙사를 따라 미국에 가서 현지 학교에 입학한 적이 있지만 오래 다니지는 못했다. 본격적인 유학의 역사는 윤치호로부터 시작된다. 윤치호는 중국 상해를 거쳐 1888년 미국 유학 길에 올랐다. 미국 테네시 주 내쉬빌에 있는 밴더빌트 대학과 에모리 대학에 입학하여 1895년 귀국할 때까지 공부했다. 윤치호와는 달리 유럽으로 유학을 떠난 이도 있었다. 김옥균의 암살자로 유명해진 홍종우는 1890년 프랑스로 유학의 길을 떠났다. 그는 서구의 정치 제도와 사상을 공부하는 한편 파리에 있는 기메 박물관에 취직하여 『춘향전』·『심청전』 등의 책을 프랑스어로 번역하는 등 조선 문화를 유럽에 소개하는 데 큰 공헌을 했다.

김성규가 홍콩에서 돌아온 이유는? ●
다시 우리의 주인공 김성규에게로 돌아가 보자. 꿈에 부풀어 유럽으로 가는 배에 올랐던 김성규는 불행히도 유럽에는 한 발짝도 발을 디뎌 보지 못했다. 그는 중간 기착지인 홍콩에서 무려 15개월 동안이나 발이 묶여 있다가 중도에 귀국하고 말았다. 도대체 무슨 일이었을까?

중국 정부가 온갖 트집을 잡아 일행이 홍콩을 떠나지 못하도록 막았기 때문이다. 조선은 중국에 조공을 바치는 '속국'인데 어떻게 감히 유럽 각국에 국가 대 국가의 사절을 보낼 수 있느냐는 것이었다. 결국 전권공사는 이러한 사정을 정부에 알리기 위해 김성규를 먼저 귀국시켰던 것이다. 1889년(고종 26년) 1월 11일, 김성규는

◉ 쥘 베른의 『80일간의 세계 일주』와 민영환의 세계 일주

개항 이후 해외로 나갔다 온 여행객은 대개 여행기를 남겼다. 수신사 김기수는 여행 과정뿐 아니라 일본에서 시찰한 내용을 소상히 담은 장편 여행기 『일동기유(日東記游)』를 남겼고, 미국에서 잠시 유학하고 온 유길준은 유명한 『서유견문』을 남겼다. 그러나 이 시기 여행기의 백미는 뭐니 뭐니 해도 1896년 모스크바에서 열린 러시아 황제 대관식에 축하 사절로 참석하고 돌아온 민영환의 『해천추범(海天秋帆)』이다. 이에 따르면 민영환은 태평양, 미 대륙, 대서양을 횡단해서 모스크바로 갔다가 시베리아를 거쳐 돌아왔다. 왕복에 걸린 시간은 110일. 민영환이 세계 일주를 할 무렵 유행한 소설 가운데 쥘 베른이 지은 『80일간의 세계 일주』란 책이 있다. 『해저 이만 리』·『땅속 여행』 등 SF 소설의 거장인 쥘 베른은 교통 수단의 발달로 지구 전체가 한 마을처럼 될 것임을 보여 주기 위해서 이 소설을 썼다. 그런데 이 소설 속 여행 경로와 민영환의 여행 경로는 일부를 제외하면 거의 일치한다(지도). 민영환의 일주 속도를 생각하면 1872년으로 설정되어 있는 소설에서의 여행 속도가 얼마나 빠른 것이었는지 쉽게 짐작할 수 있을 것이다.

민영환의 세계 일주 경로

고종이 단발하고 독일 황제복을 입은 까닭은

| 개 화 기 조 선 ❷ 개 혁 |

김성규가 토지 측량에 열심이던 1899년(광무 3년), 그의 생애에 단 한 명의 임금이던 고종이 희한한 변신을 했다.
머리는 짧게 자르고 몸에는 프로이센 황제의 군복을 본뜬 서양식 제복을 걸친 것.
'주상 전하'가 '황제 폐하'로 바뀌고 새삼 나라의 독립이 강조되던 이 모든 변화는 무엇을 향하고 있었을까?

중국식으로 황제에 즉위하여 ● 나라 이름이 '대한제국'으로 바뀌고 고종이 '전하'에서 '폐하'가 된 것은 1897년 10월 12일의 일이었다. 그날 회현방 소공동에 새로 마련된 환구단. 고종은 명나라 황제의 즉위식을 본떠 인시(寅時 : 새벽 4~6시)에 하늘신〔皇天上帝〕과 땅신〔皇地祇〕에게 고하는 제사를 지낸 후, 황제를 상징하는 황금색 의자에 앉아 열두 가지 무늬가 새겨진 면복을 입고 황제의 옥새를 받았다.

그날 밤 집집마다 태극기가 걸리고 색등불이 달려 도성은 대낮처럼 밝았다. 고종이 환구단에서 경운궁으로 돌아갈 때에는 연도에 도열한 군중이 만세를 외치며 환호했다.

사실 '만세(萬歲)'란 것은 중국 황제의 책봉을 받던 시절에는 엄두도 낼 수 없는 구호였다. 고작해야 '천세(千歲)'를 외칠 뿐이었다. 이제 중국과 대등한 황제의 나라임을 선포했기에 중국의 눈치를 보지 않고 "만세 만세 만만세!"를 마음껏 외칠 수 있게 된 것이다.

서양식 황제복을 입다 ● 그렇게 황제가 된 고종은 1899년 새로운 국가 기구로 원수부를 만들면서 프로이센(독일의 전신) 황제의 군복을 본뜬 서양식 황제복을 맞추어 입었다. 양복을 입기 위해서는 머리도 자르지 않을 수 없었다.

그는 5년 전 갑오개혁 때도 머리를 자른 적이 있었다. 하지만 그때는 개화파 정부의 등쌀에 못 이겨 자른 것이고, 개화파 정부를 몰아낸 다음에는 다시 머리를 길렀다. 뿐만 아니라 개화파 정부가 내렸던 단발령도 철회했다.

그랬던 고종이 이제는 스스로 머리를 자르고 양복을 입었다. 이듬해인 1900년에는 모든 관리가 서양식 관복을 입도록 했고, 그로부터 2년 뒤에는 군인·경찰·관원에 한해서 단발령을 내리기까지 했다.

개화파 정부는 밀려났지만 개화, 즉 근대화는 대세였다. 이때 중국과 대등한 '제국'을 자처하고 황제가 서양식 황제복을 입은 것은 그 개화의 방향이 어느 쪽인지를 짐작하게 해준다.

▼ **대한제국 황제 고종 :** 1899년 외교관 복장이 양복으로 바뀌고 황제 복식도 국가 원수로서 육군 복장에 준해 새롭게 제정되었다. 1900년 문관의 복장이 서양식으로 바뀌면서 관복 제도는 완전히 양복화되어 국왕 이하 모든 관원이 서구식 양복을 입게 되었다.

왕실을 상징하는 배꽃 무늬 세 송이를 금실로 짜 넣고 당초 무늬로 장식했다.

▲ **환구단 :** 하늘에 제사를 드리는 제단. 원구단이라고도 한다. 화강암으로 3층짜리 네모난 단을 쌓고(‘땅’) 그 위에 황색으로 칠한 원추형 지붕을 얹었다(‘하늘’. 일제는 1914년 이를 헐고 철도 호텔(지금의 조선호텔)을 지었다. 현재는 신주를 보관하던 황궁우민이 남아 있다.

중국으로부터 '독립' 하여 ● 이때는 '개화'
라는 말만큼이나 '독립'이라는 말이 시대의 화
두였고('특강실' 참조), 그것을 상징하는 것이 독
립문이었다(사진). 이 문은 고종이 황제에 즉위
한 지 한 달 뒤 서대문 밖 영은문 터에 세워졌다.
프랑스 파리의 개선문을 연상시키는 이 문은 독
립협회라는 민간 단체에서 만들었지만, 고종의
황제 즉위를 축하하는 이벤트로서의 성격을 갖
고 있었다.

여기서 말하는 '독립'은 중국으로부터의 독
립을 뜻한다. 언제 우리가 중국의 식민지였느냐
고 하겠지만, 김성규와 박정양이 해외에서 겪은
중국의 종주국 행세를 생각하면 이해가 가는 일
이다. 그래서 독립문도 일부러 중국 사신을 영
접하던 영은문 터에 세웠던 것이다. 고종과 독
립협회는 이러한 '독립'의 취지에 완전히 의견
일치를 보아 고종은 독립문 건립 비용의 5분의
1에 가까운 1000원의 기액을 희사했고, 독립협
회는 그의 황세 즉위를 열렬히 환영했다.

영은문 기둥 : 이 자리에는
과거 중국 사신을 맞이하던
영은문이 있었는데,
청일전쟁 때 불타고
기둥만 남아 있다.

그러나 중국으로부터 독립한 후 어디로 갈 것인
가에 대해 고종과 독립협회의 생각이 반드시 같
았던 것은 아니다. 한편, 청일전쟁 때 영은문이
일본군에 의해 불타 버리고 돌기둥만 두 개 남
아 있었다는 사실에서 알 수 있듯이, 일본은 이
미 이때부터 호시탐탐 조선의 '근대적 종주국'
자리를 노리고 있었다.

세계 속의 '대한' 으로 ● 그렇다면 새로운
나라 이름 '대한'은 어디에서 온 것일까? 그것
은 '삼한(三韓)의 땅에 세워진 나라'를 뜻한다.
고종은 "우리 나라는 삼한 땅에 세워졌는데, 국
초(國初)에 천명을 받아서 삼한을 하나로 통합
했으니 새로운 제국의 이름으로 대한(大韓)이
적합할 것"이라고 밝혔다.

여기서 삼한은 고대의 마한·변한·진한을 가

리키지만, 이후로도 우리 민족이 자리잡고 있는
땅을 가리키는 지역명으로 널리 쓰였다. 역사상
많은 나라가 나타나고 사라졌지만 그러한 가운
데도 삼한이라는 지역 이름은 면면히 이어지고
있었다. 그렇기 때문에 신라와 고려가 이 땅을
합쳤을 때도 자신이 "삼한을 하나로 통합했다
('삼한일통')"고 생각했다. 조선 시대에 들어서
도 이러한 생각이 이어지고 있었기에 새로 황제
의 나라를 선포하는 즈음에 '한'이란 말이 새로
운 국호로 채택될 수 있었던 것이다.

이렇게 고종과 지도층은 '대한제국'이라는
이름으로 본격적인 근대 세계 진입을 시도했지
만, 정치와 거리가 먼 일반 백성은 여전히 이 땅
은 조선 땅이고 자신은 조선 사람이라
고 생각하고 있었다.

▲ 독립문
중국으로부터의
독립을 선포하기 위해
45×30cm 크기의
화강석 1850개를
쌓아 올려 만든
아치식 문.

▲ **개화기 우표** : 최초의 우표는 1884년(고종 21년) 11월 18일 우정총국에서 발행했다. 우편 제도는 개화의 상징으로 홍영식, 김옥균, 박영효는 우정총국 낙성식날 갑신정변을 결행했다. 사진은 대한제국기에 발행된 우표들.

▶ **대한제국 동전**
1901년(광무 5년) 용산 전환국에서 발행한 반원짜리 은화로, 러시아의 상징인 독수리 무늬가 새겨져 있는 것이 눈에 띈다. 당시 대한제국 정부가 러시아와 긴밀한 관계를 맺고 있어서 러시아 화폐의 영향을 받은 것으로 보인다.

▲ **철도 약도** : 식민지 시기 철도 노선도. 대한제국 시기 인천·부산 등 항구에서 시작된 철도 노선은 일단 경성으로 모여들었다가 다시 신의주·청진 등을 거쳐 대륙으로 뻗어 갔다. 이 무렵 경성역은 국내선의 종착역만이 아니라 중국·러시아로 나가는 국제 여객 터미널이었다.

만국박람회에 가다 ● 1900년(광무 4년) 프랑스 파리에서 만국박람회가 열렸다. 11년 전 세워진 에펠탑이 굽어보는 곳에 마련된 박람회장에는 '코리아' 전시관도 있었다. 궁궐 모양을 본떠 지은 이 대한제국관에서는 비단·놋그릇·도자기·칠보·신발·의복·서적 등 한국의 전통 문화를 잘 보여 주는 물품들을 전시하고 있었다.

그 가운데 특별히 돋보이는 것은 서적이었다. 『한국서지』란 책으로 유명한 프랑스 서지학자 모리스 쿠랑은 이 전시관을 구경하고는 "한국은 유럽보다 훨씬 앞섰던 인쇄술의 유산을 전시함으로써 자신의 국위를 온 유럽에 떨쳤다"라는 찬사를 보냈다.

국제 교류가 빈번한 21세기에도 국제전시회 참가는 쉬운 일이 아니다. 하물며 갓 국제 사회에 발을 들여놓은 초보 나라 대한제국은 얼마나 부담스러웠을까? 2년의 준비 기간과 막대한 비용을 지출하면서 어렵게 참가했는데, 아무도 거들떠보지 않았다면 얼마나 서러웠을까? 그래도 칭찬을 해 주는 사람이 있었으니 역시 전통의 힘은 무시할 수 없는 법이다.

'천하'에서 '세계'로 ● 대한제국은 만국박람회 한 해 전에 만국우편연합에 가입하고 1903년(광무 7년)부터 국

제적십자사에 참여하는 등 대외 활동에 적극적으로 나섰다. 또 1901년 벨기에와 국교를 수립하고 이듬해에는 덴마크와 국교를 맺는 등 국제 교류의 폭도 넓혔다.

이렇게 대한제국이 대외 활동을 서두른 것은 나라의 처지가 아직 위태로웠기 때문이다. '황제의 나라'를 선포하긴 했지만 국력은 그에 걸맞지 않게 턱없이 모자랐다. 러시아와 일본이 팽팽히 맞서는 한가운데서 겨우 나라의 명맥을 유지하고 있었던 것이 실제 상황이었다.

그래서 대한제국은 적극적으로 국제 사회로 나아가 그 구성원으로 공인받음으로써 국제법의 보호를 받고자 한 것이었다.

과거 조선이 중국을 중심으로 하는 중세적 '천하(天下)'에서 살고 있었다면, 이제 대한제국은 그로부터 이탈하여 근대적 '세계(世界)'로 들어가기 시작했던 것이다.

시계를 세계에 맞추다 ● 시간을 지배하는 자가 세계를 지배한다는 말이 있다. 시간은 모든 질서의 밑바탕이 되기 때문이다. 과거 조선은 중국에서 쓰는 시간과 똑같은 것을 사용했다. 왕조 사회에서는 연호(年號)라는 것을 만들어 그것으로 해를 세는데, 조선은 독자적 연호 없이 중국 황제의 연호를 받아다 썼다. 가령 임진왜란이 일

▼ **증기기관차** : 한국에서 최초로 운행된 증기기관차는 1899년(광무 3년) 6월에 수입하여 경인철도회사에서 조립한 것이다. 기관차는 쇠로 되어 있지만 객차는 나무였다. 사진은 1942년에 제작되어 청량리~부산 간 특급 여객 열차용으로 운행한 증기기관차 파시 5-23호.

▲ **전차가 다니는 남대문** : 1910년대 초의 남대문 거리이다. 기와집들은 옛 모습 그대로인데 도로 좌우에 손을 잡고 늘어서 있는 전신주들과 멀리 뾰족하게 서 있는 명동성당 건물이 새도운 시대의 도래를 말해 준다. 명동성당과 전차는 모두 1898년(광무 2년)에 등장한 신문물들이다.

어난 1592년(선조 25년)에 선조가 쓴 교서를 보면 '만력(萬曆) 20년'이라고 연도 표시를 했는데, '만력'은 바로 당시 명나라 황제 신종이 사용한 연호였다. 연호뿐 아니라 달력도 중국의 달력을 사용했다. 해마다 동지 때만 되면 중국에 사신을 보내 새해 달력을 받아 오도록 했다.

대한제국은 정치적 독립뿐 아니라 시간의 독립도 함께 선언했다. 황제 즉위식이 있기 두 달쯤 전인 1897년 8월 14일 독자적 연호를 광무(光武)로 미리 정해 놓았으니, 사실은 정치적 독립보다 시간의 독립을 먼저 선언한 셈이다. 달력의 경우에는 과거 조선 정부가 이미 태양력을 채택하여 1896년 1월 1일부터 모든 공문서에서 사용하고 있었다. 이것은 조선의 시계를 중화 질서의 시간대에서 근대적 세계 질서의 시간대로 맞춘 것을 의미했다.

공간을 줄여 세계와 연결하다 ● 근대 세계로 들어가면서 시간이 바뀌었을 뿐 아니라 공간도 달라졌다. 누가 축지법을 쓴 것도 아닌데 조선 천지가 갑자기 줄어들었다. 이 조화를 일으

킨 주역은 그 무슨 도사가 아니라 요란한 소리를 내며 달리는 쇠붙이(왼쪽 사진)였다.

1900년 11월 12일, 사람들은 한강에 새로 놓인 다리 위로 그 쇳덩어리가 달리는 모습을 보았다. 우렁찬 기적 소리를 울리며 역시 쇠로 만든 다리 위를 달리는 이 기적의 교통 수단을 '기차'라고 불렀다. 다리 위에 놓인 기찻길은 인천에서 서울로 이어지고 있었으며, 서울에서는 서대문역에서 전차(위 사진)로 갈아탈 수도 있었다. 전차는 1899년에 개통되어 서대문에서 청량리까지 다녔다. 한편 서울에서 기차를 타고 인천으로 가면 곧장 기선을 타고 돛단배보다 훨씬 빠른 속도로 다른 나라까지 갈 수도 있었다.

기차보다 더 빠른 것도 있었다. 전기와 함께 들어온 전신이나 전화는 그야말로 전광석화와 같아서 천리 먼 길을 지척과도 같은 가까운 곳으로 만들었다. 사람들은 얼굴도 보지 않고 이야기를 하는 것이 예의에 어긋난다고 생각하여 처음에는 전화 쓰기를 주저했다.

▶ **벽걸이 자석식 전화기** : 전화를 거는 사람이 전화기 옆의 손잡이를 돌려 교환원을 부르면 교환원이 상대방을 호출하여 통화가 이루어진다. 전화는 1896년(건양1년) 궁 안에 처음 설치되었고 1902년(광무6년) 시외 공중전화가 가설되었다.

그러나 이 새로운 교통·통신 수단이 보통 사람의 일상생활에까지 스며든 것은 아니었다. 시골에서 농사를 짓는 백성이야 평생 가야 기차 탈 일이 없었다. 철도는 항구를 향해 뻗어 있었고 전화도 시내 통화보다는 서울과 항구 도시 인천 사이의 시외 전화가 먼저 개통되었다. 근대적 교통 통신은 우선 대한제국을 세계와 연결하는 통로로써 먼저 도입되었기 때문이다.

◀ **전기 다리미** : 상류층이나 일본인 여성이 사용한 것. 재래식 숯불 다리미는 다림질하면서 온도를 유지하기 위해 계속해서 숯을 갈아 주거나 달구어서 사용해야 했다. 그러나 전기 다리미는 전원만 연결하면 고온이 유지되어 재봉틀과 함께 상류층 여성들이 가장 가지고 싶어한 근대 생활용품이었다.

개항장 목포가 두 개의 구역으로 나뉜 까닭은

1903년(광무 7년) 3월 16일 대한제국 최고의 기술관료 김성규가 무안감리로 임명되어 개항장 목포에 부임했다.
자기들에게만 개항해 달라는 일본의 요구를 물리치고 세계 각국에 개방한 자주적 개항장 목포.
그러나 이곳에는 일본인 상인만 몰려들어 일본인의 목포와 조선인의 목포로 나뉘어 버렸다. 왜 그랬을까?

▲ **칙명** : 정3품 통정대부인 김성규를 무안감리로 임명하고 주임관 6등급의 품계를 내린다는 내용이 담겨 있다. 과거에는 이러한 관직 임명장을 교지라고 불렀는데, 황제의 나라가 되고 나서는 칙명으로 바뀌었다.

김성규, 목포의 '왕'이 되다 ● 1897년(광무 원년) 남도의 외딴 바닷가 고을 무안이 목포라는 이름의 국제항으로 개항했다. 그런데 작은 항구에 외국인이 쏟아져 들어오면서 복잡한 문제들이 생겨나자 해결사가 필요했다. 그리하여 전라남도 양무감리로 토지 측량을 감독하던 김성규가 이 항구 도시의 총책임자로 발탁되었다.

그가 맡은 '무안감리'는 외부대신의 지휘를 받는 일종의 외교관으로 개항장 목포에 주재하는 각국 영사와 교섭하는 일을 주로 했다. 그런데 그는 여기에서 그치지 않고 무안 부윤과 개항장 재판소 판사의 직책을 겸하면서 경찰·사법 업무까지 총괄했다. 한마디로 개항장 목포에 관한 한 전권을 행사하고 있었던 셈이다.

그렇다면 천재 관료 김성규를 필요로 했던 목포의 복잡한 문제란 과연 무엇이었을까?

개항장은 외국 상인이 머물면서 장사를 할 수 있는 곳으로 공식적으로는 조계라고 불렀다. 대부분의 조계에서 일본인 상인들이 판을 치고 있었기 때문에 조선 시대 있었던 부산 왜관의 이름을 빌려 개항장을 왜관(倭館)이라고 부르기도 했다. 개항장은 조선이 바다를 건너온 새로운 문물과 만나는 접촉 창구였다. 그래서 다른 곳에서는 찾아볼 수 없는 이국적인 풍광을 여기서는 만날 수 있었다.

목포항

양복점

요리집

목포는 일본의 요구를 뿌리치고 자주적으로 개항되었는데…… ● 목포를 개항하라는 요구는 7, 8년 전부터 있었다. 일본은 자기들에게만 목포를 열어 달라고 끈덕지게 졸라 왔다. 대한제국 정부는 이러한 일본의 요구를 따돌리고 목포의 개항을 자주적으로 결정했다. 고종은 이곳을 일본뿐만 아니라 세계 여러 나라에 개방한다는 칙령을 내렸다.

조선이 외국에 개항한 역사는 1876년(고종 13년) 일본과 맺은 강화도조약에서 비롯된다. 조선은 이 조약에 따라 부산·원산·인천 세 항구를 개항했는데, 일본의 압력에 못 이겨 마지못해 개방한 측면이 없지 않았다.

이렇게 외국과의 통상 조약에 따라 수동적으로 개항하는 것을 '조약 개항'이라고 한다. 그런데 목포의 개항은 외국과의 조약이 아니라 고종 황제의 칙령을 따라 한 '칙령 개항'이었다. 그런만큼 개항에 따른 여러 조건을 자율적으로 정할 수 있었다. 이렇게 목포의 개항을 자주적으로 결정할 수 있었던 것은 당시 대한제국 정부가 중국 중심의 '천하'에서 이탈하여 근대적인 '세계'로 나아가려고 했기 때문이다.

문제는 일본하고만 생기는구나

● 목포가 개항되면서 목포에는 외국 상인들이 머물면서 장사를 할 수 있는 구역이 정해졌다. 이러한 곳을 '조계(租界)'라고 하는데, 일본은 일본인만을 위한 전관 조계를 두고 싶어했다. 그러나 대한제국 정부는 이를 허용하지 않았다. 그래서 목포에는 세계 여러 나라에게 모두 개방된 공동 조계가 마련되었다.

이렇게 해서 모든 나라 사람들이 들어올 수 있는 공동 조계를 정하긴 했지만, 일본을 제외한 다른 나라 상인들은 별로 목포에 관심이 없어서 이곳에 입주한 상인이라고는 일본 상인들뿐이었다. 이렇게 일본 상인이 대거 목포항에 머물면서 장사를 하기 시작하자, 일본은 목포에 영사관을 설치하여 자국민을 보호하려 했다. 그리고 일본 영사관 안에 독자적인 경찰서를 두어 일본인 거류지의 치안을 담당하도록 했다. 이런 영사관과 경찰서가 들어설 수 있었던 것은 일본과 맺은 불평등한 강화도조약에서 일본인 상인에게 치외법권을 허용했기 때문이다.

처음 의도와는 달리 이처럼 개항장이 일본의 독무대가 되어 가자, 대한제국 정부도 가만히 있을 수 없었다. 그래서 무안감리를 파견하여 일본 영사를 상대하게 하고 경무관과 총순을 파견하여 개항장 일대의 치안을 맡겼다. 이처럼 무안감리와 일본 영사로 대표되는 두 개의 질서가 팽팽히 맞서면서 공존하는 가운데 김성규 가족의 목포 시대는 불안하게 열리고 있었다.

① 목포만호진 : 목포의 역사는 세종 21년(1439년) 이곳에 '목포 만호진'이 설치되면서 시작되었다. 이전에는 나주에도 '목포'란 이름의 포구가 있었지만 만호진이 설치된 후로는 무안현에 속한 현재의 목포만이 공식적으로 목포임을 인정받을 수 있었다. 목포 만호진은 전라우수영에 속한 일종의 해군기지로서 군함의 기항지 겸 보급처 역할을 맡고 있었다. 1872년에 그린 〈무안현목포진지도〉에 따르면 둘레 1,302척 높이 7.7척의 성곽 안에 객사와 관아와 군기고 등이 있는 것을 볼 수 있다. 만호진 건너편의 삼학도는 땔감을 대주는 시지(柴地)였다.

● 목포항의 면화 수출 : 목포는 처음엔 쌀을 주로 수출했지만 뒤에 일제가 서해안 일대에서 육지면 재배를 강요하면서부터 이렇게 재배된 면화를 수집하여 실어 보내는 항구가 되었다.

② 호남은행 목포 지점 : 호남은행은 1920년 현준호 · 문재철 등 호남 지방의 조선인 자산가들이 광주에 세운 은행으로 목포에 지점을 두었다. 훗날 김성규도 이 은행에 출자했다.

▲ 1910년대 목포 전경 사진 : 민족별로 주거지가 이원화되어 있는 개항장의 도시 구조를 잘 보여 준다. 가운데 유달산의 노적봉을 경계로 오른쪽에 반듯하게 도로가 구획되어 기와집들이 밀집해 있는 곳이 일본인 거류지이고, 왼쪽에 초가집들이 무질서하게 모여 있는 곳이 조선인 거주지이다.

하나의 목포, 두 개의 도시 ● 문제의 항구 도시에 부임한 김성규는 제일 먼저 유달산에 올랐다. 그곳에서 내려다본 목포는 산기슭에 있는 노적봉을 경계로 서로 완전히 다른 두 개의 구역으로 나뉘어 있었다.

노적봉 오른쪽은 시가지가 바둑판 모양으로 반듯하게 구획되어 있으며 대부분 목조 2층 상가로 이루어져 있었다. 일본인이 주로 거주하는 조계지로, 개항 이후 해벽을 쌓고 바다를 메워서 새로 만든 지역이었다. 개항장 목포는 여기서 시작되었다고 해도 지나친 말이 아니다.

반면 노적봉 왼쪽으로는 산기슭을 따라 게딱지 같은 초가집들이 다닥다닥 붙어 있었으니, 이곳이 조선인의 거주 지역이었다. 개항 이후 이곳을 드나들면서 일본인을 상대해서 살아가는 조선인이 늘어나기 시작했으나, 마땅히 살곳이 없었던 이들은 과거 공동 묘지였던 유달산

기슭에 자리잡았다. 그들은 각각 산소를 옮기고 집터를 마련했기 때문에, 집들이 자리잡은 모양도 제각각이고 주거 사정도 형편없었다.

이렇게 목포는 조선인의 목포와 일본인의 목포라는 서로 대조되는 두 개의 도시로 이루어져 있었다. 김성규는 이 광경을 내려다보면서 자신도 모르게 한숨을 푹 내쉬고 말았다.

부두에는 조선인 ● 무거운 발걸음을 옮겨 짠 내음 물씬한 부두로 내려가면 웃통을 드러내고 일본 배에서 짐을 실어 내리는 노동자들을 만날 수 있었다. '도중(都中)'이라고 불리는 노동 조직의 우두머리('검찰')가 김성규를 안내했다. '십장'이라고 불리는 현장 감독들이 고래고래 소리를 지르며 작업을 지휘하는 가운데, '두량군(斗量軍)'이라고 불리는 노동자들이 쌀의 양을 맞추어 포장하면 '지게군(支械軍)'이 그것

을 부두까지 지게로 실어 나르고, 다시 '칠통군(七桶軍)'이 배에다 옮겨 담았다.

이들이 목포에서 가장 많이 만날 수 있는 조선인이었다. 그런데 김성규에게 설명하는 검찰을 비롯해 이들이 하는 말은 대개 이 지역 사투리가 아니라 경상도 말씨였다. 목포가 개항했을 때 이곳에 일하러 온 사람들은 인근 주민이 아니었다. 먼저 개항한 부산에서 일하다가 새로운 일터를 찾아 옮겨온 노동자가 많았다.

어중이떠중이처럼 보일지 몰라도 그들은 결코 호락호락한 존재가 아니었다. 그들은 개항한 지 1년도 안 되어 일본인 고용주를 상대로 7일간 동맹 파업을 벌이기도 했다. 우리 역사상 최초의 노동 운동으로 기록된 이 사건에서 보듯 조선인과 일본인 사이의 민족적 갈등에는 처음부터 노동자와 자본가 사이의 계급 대립이 깔려 있었다.

❸ 목포 청년회관 : 1924년 목포의 유지들이 건립한
회관. 건평 57평의 석조 건물로 조선인 지역인
남교동에 자리잡고 있었다. 강연회·토론회·웅변대회
등 조선인 사회 운동의 본거지였다.

❻ 정명여학교 : 1902년 선교사가 설립한 학교 ❼ 목포역 부지 (완공

▲ 잡화점 광고 : 개항장에는 이런 물건들을 파는 잡화점이
많았다. 개화기 조선인이 조금씩 맛들이기 시작하던
근대적 생활용품은 이러한 잡화점에서 직수입한 물건들이었다.

상가에는 일본인 ●
개항장 목포에 들어와서
산 일본인은 대부분 상인, 그것도 처음에는 행상
이었다. 당시 외국 상인은 개항장에서 100리 이
내에서만 장사를 할 수 있었으므로 일본 행상도
목포를 거점으로 해남·나주·영광 등의 고을을 돌
아다니며 장사를 했다.
　시간이 지나면서 조계지에 무역상·잡화상·소
매상 등 붙박이 상점이 들어서기 시작했다. 이 가

목포는 항구다 - 개항장 문화

자그마한 개항장으로서 근대의 역사를 시작한 목포는 식민지 시기에 들어서면서 전국에서 손
꼽히는 항구 도시로 성장했다. 물론 부산이나 인천 같은 대규모 개항장에는 못 미쳤지만, 그
밖에는 목포를 따라올 만한 곳이 그리 많지 않았다. 같은 전라도에 있는 군산이 쌀의 도시였다
면 목포는 면화의 도시였다. 전라남도 해안 지방에서 재배한 육지면을 일본으로 실어 보내는
항구였던 것이다.
　목포가 전성기를 맞이한 것은 1930년대 들어서면서였다. 이 무렵 목포는 전국 6대 도시의
반열에 올라 전라남도 도청 소재지인 광주보다도 큰 도시가 되었다. 그것은 일본이 중국을 침
략하면서 조선과 중국을 연결하는 '서해안 시대'가 열렸기 때문이다. 일본에서 중국으로 갈 때
가장 알맞은 기착지가 조선의 목포였던 것이다.
　번영하는 항구 도시 목포에서는 도시 문화가 꽃피게 되었다. 하지만 그 문화는 썩 건강하지
만은 않았다. 그것은 항구란 것이 대개 그렇듯이 목포 역시 흥청망청 먹고 마시는 유흥과 소비
의 도시였기 때문이다. 따라서 그곳의 문화도 유흥과 소비의 문화일 수밖에 없었다. 사람들이
밤새워 술을 마실 때는 그들에게 무언가 그럴 만한 사연이 있기 때문이다. 만남과 이별의 공간
인 항구에서는 사람들로 하여금 술을 퍼마시도록 만드는 사연이 더욱 많았을 것이다.
　이러한 항구 도시 목포의 번영은 따지고 보면 일본인의 몫이었다. 조선인은 그들의 잔치에
서 손님에 지나지 않았다. 물론 손님 처지에서도 남의 잔치에 빌붙어서 얼마간 떡고물을 나누
어 먹을 수는 있었겠지만, 목포의 번영에 임자가 따로 있었던 것은 분명한 사실이다. 따라서
일본인의 목포가 화려한 빛이었다면 조선인의 목포는 여전히 시름 깊은 그늘이었다. 그러니
식민지의 항구 도시 목포에서 조선인이 부르는 노래에는 눈물과 한숨 그리고 비탄과 애조가
깃들여 있을 수밖에 없었다. 그들은 목놓아 애절한 곡조를 부르고 또 불렀다.
　"목포는 항구~다."

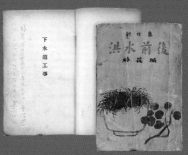
◀ 박화성의 「하수도 공사」 : 목포 출신의 여류 작가
박화성(1904~1988)은 1931년에 일어난 목포의
하수도 공사 노동자들의 임금 투쟁을 소재로 다음해인
1932년에 「하수도 공사」라는 소설을 발표하였다.
이 소설은 근대 문물의 창구로서, 수출입 항구로서
비약적으로 발전하는 도시의 뒷골목에서 고통받는
조선인 하층민들의 삶을 사실적으로 그렸다.

▲ 이난영 : 작사자와 가창자가 모두
목포 출신이라 더욱 주목을 받은 「목포의 눈물」은
1933년 『조선일보』 신춘문예의 향토 가요 가사로
당선된 문일석의 노랫말에 곡을 붙인 것이다. 애상적인
이 곡은 일본인에게도 적잖은 사랑을 받았지만,
"삼백 년 원한 품은 노적봉 밑에 님자취 완연하다……"로
시작하는 2절 가사가 문제되어 한때 일제에 의해
저항 가요로 분류되어 금지곡으로 지정되기도 했다.
사진은 1950년에 제작된 이난영의 음반.

▲ 「목포의 눈물」 : 오케이 레코드 회사의
판 뒤에 실린 노랫말.

김성규가 목포의 지역 유지로 변신한 까닭은

무안감리로 부임한 지 1년 만인 1904년(광무8년), 강원도 순찰사가 되어 떠났던 김성규는 3년 후 다시 목포로 돌아왔다.
떠날 때는 승승장구하는 개화 관료였지만 돌아올 때는 이미 벼슬길이 끊긴 민간인이었다.
선비로 돌아온 김성규는 학교도 설립하고 기업도 경영했는데, 이런 '돈벌이'는 옛날 선비 같으면 꿈도 안 꿀 일이었다.

▲ **목포시사** : 목포는 신도시였기 때문에 옛날부터 내려오는 서원이나 향교가 있을 수 없었다. 따라서 신도시 목포에 모여든 새로운 선비들은 자신들만의 클럽을 새로 만들지 않으면 안 되었다. 그래서 만들어진 것이 목포시사 였으며, 김성규도 여기서 빠질 수 없었다.

▲ **상성합명회사 장부** : 장부의 내용으로 보아 김성규가 만든 이 회사는 주로 부동산 중개업을 하지 않았나 생각된다. 일거리를 찾아 몰려드는 사람들로 신도시 목포의 땅값은 해마다 치솟고 있었으므로 실리에 밝은 재산가라면 그 기회를 놓치지 않았을 것이다.

▶ **최초의 국산 양약(洋藥) 활명수**
1897년(광무 원년)에 개발된 활명수는 양의약과 한방을 섞은 초기 국산 의약품으로 복용이 간편하고 급체와 소화불량에 신통한 효력을 지닌 것으로 인정받음으로써 대단한 각광을 받았다. 활명수를 개발한 동화약방은 1930년대에 대량 생산 체제를 갖추면서 1년 최고 판매량이 5백만 병에 달했으며, 만주와 미국·하와이 등지에까지 수출했다.

퇴직 관료 김성규, 목포에 정착하다 ● 김성규는 1907년(융희 1년) 벼슬을 그만두었다. 마흔다섯 한창 나이에 왜 퇴직을 했을까? 그는 대한제국의 개화 관료였다. 그러나 2년 전 러일전쟁에서 승리한 일본의 압력이 거세지면서 대한제국의 독자적인 개화 사업도 중도에 끝나 버렸다. 의병을 이끌고 일본과 싸울 것도 아니고, 김성규로서는 할 일이 없어진 셈이었다.

그렇다면 그는 퇴직 후 왜 하필이면 목포로 돌아왔을까? 한때 전라남도 장성에서도 살았고 그곳에 많은 땅을 가지고 있었던 김성규가 아닌가? 전라남도 지역 토박이가 아니었던 김성규는 그곳 향촌 사회에 정착하기 힘들었던 것 같다. 그래서 차라리 새로 번성하는 도회지로서 이 사람 저 사람 모여들던 목포를 정착지로 선택했을 것이다. 게다가 한때 자신이 무안감리로서 왕처럼 군림하던 그 도시가 아닌가?

퇴직 관료 김성규가 사는 법 ● 김성규는 퇴직 관료답지 않게 돈 굴리는 일에 밝았다. 그는 목포에서 새로운 삶을 설계했다. 먼저 '상성합명회사'란 기업을 만들어 재산을 관리하고 늘려 나갔다. 그리고 현준호·문재철 등의 동료와 함께 호남은행을 세우는 데 참여하기도 했다.

김성규는 또 교육 사업에도 관심이 많았다. 장성에 있을 때 '선우의숙'이라는 학교를 설립한 적도 있거니와 목포에 와서도 '삼향공립보통학교'를 세우는 데 거액을 기부했다.

김성규는 전통적인 선비의 삶도 추구했다. 목포에서 글깨나 짓는다는 사람이 모두 모인 목포시사(木浦詩社·사진)에도 끼어 시회를 즐겼다. 그리하여 왕년의 무안감리는 퇴직 후에도 목포에서 어엿한 실력자로 뿌리를 내리게 되었다.

한다 하는 사람은 누구나 하는 일 ● 학교를 설립하고 기업을 경영하는 것은 퇴직 관료 김성규만의 행동 방식은 아니었다. 이 무렵 '식산흥업'과 '교육 진흥'은 전국적으로 가장 유행한 말 가운데 하나였다. 수많은 근대 학교가 방방곡곡에 세워지고 근대 기업을 설립하려는 움직

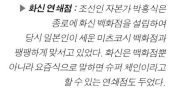

▶ **화신 연쇄점** : 조선인 자본가 박흥식은 종로에 화신 백화점을 설립하여 당시 일본인이 세운 미츠코시 백화점과 팽팽하게 맞서고 있었다. 화신은 백화점뿐 아니라 요즘식으로 말하면 슈퍼 체인이라고 할 수 있는 연쇄점도 두었다.

활명수 광고 : 춘천으로 출장간 이정화 씨가 길가에 죽어 있는 지순복 씨에게 입 속에 활명수를 넣어 주었더니 다시 살아났다는 이야기. 1910년(융희 4년).

信和
連鎖店

▶ **경성방직 심볼** : 김성수는 1917년 댕기를 만들어 팔던 경성직뉴라는 중소기업을 인수해 경영해 본 경험을 바탕으로 2년 뒤에는 경성방직주식회사를 설립하였다. 호남 갑부의 아들답게 상당한 거금을 이 회사의 설립에 투자하여 주목을 받았다. 일본으로부터 면직물 수입이 증가하면서 한국의 면직물은 거의 소멸될 위기에 처해 있었으므로, 당시 경성방직 설립은 민족자본의 성립이라는 측면에서 일정한 상징성을 가졌다.

▼ **태극성 광목** : 김성수가 설립한 경성방직의 주력 상품이던 태극성 광목. 한때 일본 상품과 경쟁하느라 고전하기도 했지만 가격 경쟁력을 바탕으로 조선과 만주의 중저가 시장 상당 부분을 차지할 수 있었다.

▲ **보성전문학교 신축 현장의 김성수** : 이미 중앙학교를 인수한 바 있는 김성수는 1932년에 당시 경영난에 빠진 보성전문학교까지 인수했다. 뿐만 아니라 이듬해 안암동에 새 교사를 신축하여 현재 고려대학교의 기틀을 닦았다. 기업에다 학교, 여기에 신문만 더하면 세 요소를 모두 갖추게 된다.

임도 곳곳에서 나타나고 있었다. 이러한 움직임을 '계몽 운동'이라고 부른다.

계몽 운동은 본래 위 두 가지와 함께 민권 신장이라는 목표도 가지고 있었다. 하지만 민권 신장은 정치적 목표였는데 일본이 점점 국권을 침탈해 들어와 조선인의 정치적 자유가 줄어들면서 그 초점을 잃고 말았다.

"나라의 주권을 이미 잃어버렸다면 이제 식산 흥업과 교육 진흥을 통해 힘을 기르는 일이라도 하자." 벼슬을 내놓고 나온 김성규, 그리고 그와 비슷한 처지의 동료들 마음 한편에는 그런 생각이 자리잡고 있었을 것이다.

인촌 김성수의 경우 ●

학교를 세우고 기업을 설립하는 움직임은 김성규가 목포에 정착할 무렵 시작되어 일제의 조선 강점 이후 본격화된다. 대표적 인물이 김성수. 이름만 비슷할 뿐 김성규와 아무런 혈연 관계가 없지만, 계몽 운동의 선후배라는 점에서는 밀접한 관계가 있다.

일본 유학에서 돌아온 김성수는 1915년 '중앙학교'를 인수하고 4년 뒤 '경성방직회사'를

설립했다. 그는 여기서 더 나아가 1920년에는 『동아일보』까지 창간하여 교육·산업·언론의 세 요소를 모두 갖춘 사업가로 평가받게 되었다. 김성수는 이러한 바탕 위에서 신세대 민족 엘리트의 삶을 변주해 나갔다.

새로운 선비, 유지(有志)의 출현 ●

김성수는 중앙에서 활동한 전국적 인물이었다. 그런데 당시에는 각 지역에서도 학교와 기업을 설립하고 그 지역 사회의 새로운 엘리트로 떠오르는 '작은 김성수'가 많았다. 김성규의 맥을 잇는 이러한 지역 엘리트를 '유지'라고 불렀다. 옛날에는 선비들이 자신들만의 네트워크인 '유림(儒林)'을 통해 향촌 사회를 이끌어 갔다면, 이제는 근대의 물을 먹은 '유지'들이 그 역할을 대신하기 시작한 것이다.

하지만 '유지'가 과거의 선비와 전혀 다른 종류의 사람이었던 것은 아니다. 목포 유지 김성규가 문경 선비 김병욱의 아들이었듯이, 가족사의 틀 속에서 볼 때 유지와 선비는 단지 한 칸의 거리밖에는 떨어져 있지 않았다.

이렇게 본다면 김성규와 같은 '유지'는 근대라는 새로운 옷으로 갈아입은 선비라고 해도 지나친 말이 아니다. 유지들은 비록 겉으로는 근

대적 모습을 갖추고 있었지만 속을 들여다보면 여전히 전통적 사고방식과 체질을 그대로 보존하고 있었던 것이다. 이러한 점은 우리의 주인공 김성규도 마찬가지였다.

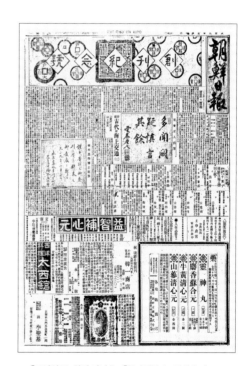

▲ **『조선일보』 창간 기념호** : 『동아일보』는 김성수가 박영효의 이름을 내걸고 창간한 데 비해서 『조선일보』는 대정친목회라는 자본가 단체의 명의로 창간했다. 『조선일보』는 『동아일보』와 달리 이후 사주가 여러 차례 바뀌었다.

식민지 지식인 김우진(1897~1926)과 그의 시대

김우진은 전라남도 목포 출신이다. 목포의 대부호이자 내로라 하는 지역 유지인 김성규의 장남이었다. 여덟 살이던 김우진은 아버지를 따라 항구 도시 목포에 와서 그곳에서 자랐다. 도시 목포의 1세대인 셈이다. 나라가 망한 뒤 그는 아버지인 김성규의 명을 따라 농업 개혁가가 되기 위해 식민지 종주국인 일본으로 유학 길에 올랐다. 그러나 고향으로 돌아올 때 그는 극작가가 되어 있었다. 김성규는 대한제국의 대표적인 기술관료로서 근대 개혁에 앞장선 바 있지만 내면적으로는 여전히 보수적 사고방식을 고수하고 있었다. 그는 '모던보이'가 되어 '광대패'와 함께 돌아온 아들의 모습에 당혹감을 감출 수 없었다. 김우진이 아버지와의 갈등 속에 근대적 대중 문화의 길을 가고 있을 때, 그의 아우들은 또 다른 근대의 전망을 찾아 제국주의에 대한 투쟁의 길로 들어서고 있었다. 답답한 식민지 현실에서 근대는 갈짓자 걸음으로 비틀거리면서도 제 갈 길을 가고 있었다.

▲ **무대 스케치** : 연극 「인형의 집」을 위한.
무대 스케치. 이 스케치는 그가 와세다 대학 영문과를
졸업할 무렵인 1924년 2월 8일에 그렸다.
김우진이 일본 유학 시절부터 기록한 일기인
『마음의 흔적』에 실려 있다.

식민지에서 근대적 지식인은 어떻게 만들어지나

식 민 지 조 선 ① 교 육

김우진이 열네 살 되던 1910년 지도상에서 조선, 아니 대한제국은 없어지고 대일본 제국의 특별행정구역만 남았다.
당당하던 대한제국 관료의 아들은 2등 신민(臣民)이 되어 제국의 심장부로 유학 길에 올랐고,
현실에 대한 울분, 가문에 대한 의무감, 문학에 대한 열정이 교차하는 가운데 근대 교육의 세례를 듬뿍 받고 돌아왔다.

김우진, 연극인이 되어 돌아오다 ● 1921년 7월 23일 동경 유학생으로 이루어진 순회 연극단이 목포를 방문하여 공연을 가졌다. 이들은 7월 8일 부산을 출발한 뒤 여러 도시를 거쳐 목포에 이르렀는데, 8월 18일 함흥까지 모두 25개 도시에서 공연할 예정이었다. 목포 공연은 '상반좌(常盤座)'에서 열렸으며, 조명희의 「김영일의 사」, 홍난파 원작 「최후의 약속」 등을 선보였다. 또 막간에는 홍난파의 바이올린 연주와 윤심덕의 독창이 곁들여지기도 했다. 이 고장 출신으로 일본 와세다 대학에서 유학 중인 김우진이 이번 공연의 연출을 맡았기 때문에 지역 주민의 열렬한 환호를 받을 수 있었다. 목포청년회는 이 순회 연극단이 목포에 도착했을 때 대대적인 환영 행사를 열기도 했다.

김우진은 농학을 공부하러 유학을 떠났던 사람. 그는 어떤 과정을 거쳐 아버지 세대는 꿈도 꾸지 않았을 연극인으로 변신하게 되었을까?

연극 「인형의 집」의 한 장면. 노르웨이의 극작가 입센이 지은 유명한 희곡이다. 가정 안에서 인형으로 사육당하던 노라가 이를 자각하고 집을 떠난다는 것이 이 연극의 주된 줄거리이다. 이 작품은 국내에서 큰 반향을 일으켜 여류 작가 나혜석은 "내가 인형을 가지고 놀 때 기뻐하듯 아버지의 딸인 인형으로 남편의 아내 인형으로 그들을 기쁘게 하는 위안물 되도다······"라는 시를 신문에 발표하기도 했다

고리대금업자 : 위조서명을 해서 고리대금을 차용한 사실을 폭로하겠다고 하면서 주부로서 행복하게 살고 있는 노라와 그 가정에 위기를 몰고 온 사람.

남편 : 위기 앞에서 노라에게 배신감을 느끼고 욕을 퍼붓지만 위기가 극복되자 용서를 빌면서 노라가 가정에 머물기를 바란다.

김우진 : 1921년 순회 공연 때 이 연극을 연출하지는 않았지만, 김우진은 이 연극의 무대 장치를 스케치해 두는 등 이 연극에 대해 많은 애착을 가지고 있었다. 김우진은 「이영녀」라는 자신의 희곡 작품에서 여성 문제에 대해 본격적으로 접근하고 있다.

노라 : 위기 상황 속에서 자신이 이제까지 단지 인형같은 아내로서 귀여움을 받는 존재에 불과했었다는 것을 알고 '아내이고 어머니이기 전에 한 인간으로 살 것'을 원한다.

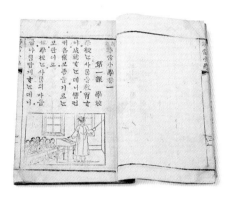

신교육 1세대 김우진

김우진은 개명한 아버지를 둔 덕에 일찍부터 신교육을 받을 수 있었다. 그는 전라남도 장성에서는 부친이 세운 선우의숙이란 신식 학교에서 공부했고, 목포로 와서는 세워진 지 얼마 안 되는 목포공립보통학교에 입학했다. 그런데 김우진은 이상하게도 보통학교를 마친 후 다시 목포공립소학교에 들어가 1년간 공부를 더 했다. 보통학교는 무엇이고 소학교는 또 뭐란 말인가?

조선에서 근대적 학제가 처음 실시된 것은 소학교령을 비롯한 여러 교육 법령이 반포된 1895년(고종32년)부터였다. 6년제인 소학교와 마찬가지로 6년제인 중학교를 설치하고, 장차 이를 바탕으로 대학교도 설립한다는 구상이었다. 이러한 학제에 따라 서울을 비롯한 전국 주요 도시에 소학교가 설립되었고 서울에는 중학교도 만들어졌다. 하지만 일본에게 국권이 넘어가면서 교육 제도도 바뀌고 말았다. 식민지 백성인 조선인은 고등 교육을 받을 필요가 없다면서 6년제 소학교를 4년제 보통학교로 바꾸어 버렸던 것이다. 하지만 조선에 살고 있던 일본인 거류민의 아이들이 다니는 학교는 여전히 6년제 소학교였다.

그러니까 김우진이 보통학교를 마치고 다시 들어간 소학교는 일본인 아이들이 다니는 학교였던 셈이다. 물론 보통의 조선인 아이들은 소학교에 들어갈 수 없었다. 김우진은 목포의 대부호이자 유지인 아버지 덕에 간신히 소학교에 들어갈 수 있었던 것이다. 이렇게 '식민지 조선'에는 조선인을 위한 고등 교육기관이 없었고 상급 학교에 진학하는 것도 여러모로 불편했다. 이러한 불편함을 떨쳐 버리는 가장 확실한 길은 아예 일본으로 유학을 떠나는 것이었다.

현해탄을 건너서 ─ 농학이냐 문학이냐

김우진은 열아홉 살이던 1915년 일본으로 유학을 떠나 구마모토 농업학교에 입학했다. 그가 농업학교에 들어간 것은 스스로 원했던 바가 아니었다. 그보다는 과거 대한제국의 대표적인 농업 개혁가였으며 현재도 많은 농지를 소유하고 있는 아버지 김성규의 뜻을 따른 것이었다. 구마모토 농업학교는 1899년(광무3년) 개교하

보통학교 교과목 가운데 가장 기본은 '수신' 곧 오늘날 바른생활 교과서이다. 보통학교의 역할은 지식 전수보다 국민으로서 도덕적 자질을 함양하는 것이었기 때문이다.

재학 중에 식민지로 전락함으로써 '국어'가 '조선어'로, '일어'가 '국어'로 뒤바뀌는 비애가 확인된다.

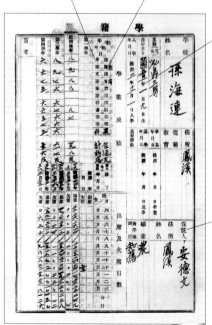

1892년생으로 기록대로 보면, 18세에 초등학교에 입학한 셈이다. 1920년대까지 여덟 살에 입학한 학생은 매우 드물었다. 많은 초등학생이 결혼을 하고 아이를 둔 아버지들이었다.

같은 마을에 사는 아는 사람을 보증인으로 세운 것이 흥미롭다. 월사금에 대한 책임이나 또는 어떤 불미스러운 행동에 대처하기 위한 조처로 보인다.

▲ 일고 운동복: '일고(一高)'란 제일고등보통학교를 줄여서 부른 것으로, 현재 경기고등학교의 전신이다. 1921년부터 제일고등보통학교로 불린 이 학교는 조선인 청소년이 다니는 명문 학교로서 일본인이 다니는 경성중학교와는 라이벌 관계였다.

◀ 학적부: 근대 교육의 특징 중 하나는 학생들에 대한 학교의 관리와 통제가 강화되었다는 것이다. 이를 위해 개인·가족 상황, 교과목별 학업 성적, 출결 상황 등을 기록하는 학적부를 작성했다. 성적은 10점표에 의해 구분되었는데, 이것은 개인의 성취도를 표현하는 것일 뿐 아니라 경쟁에서의 승패를 나타내는 것이어서 선동적 평가 방식과 판이하게 다른 것이었다. 1909년 충주공립보통학교에 입학한 한 학생의 학적부.

여 수많은 농업 기술자를 배출한 일본 굴지의 농업 교육기관이었다. 따라서 아들로 하여금 가업을 잇게 하려는 김성규에게는 안성맞춤이었다. 때문에 그는 큰아들 김우진뿐 아니라 작은아들 김철진까지도 같은 학교에 다니게 했다.

하지만 김우진에게는 다른 꿈이 있었다. 착하고 내성적인 김우진은 아버지의 명을 거역하지 못해 농업 공부도 열심히 했지만, 정작 그의 마음을 끈 것은 문학이었다. 학교 성적 가운데서도 영어 성적이 가장 빼어났다. 사실 그는 타고난 문학 소년이어서 일본에 유학 가기 전에 이미 「공상 문학」이란 소설을 쓰기도 했다. 농업학교에 다니면서도 마음속 깊은 곳으로부터 솟아나오는 문학에의 끝없는 동경은 도저히 어쩔 수 없었다. 그래서 그는 결국 와세다 대학 영문과에 진학했다. 이것은 그가 생전 처음 아버지의 명을 거역한 사건이었다.

와세다 대학은 어떤 학교? ● 김우진이 입학한 와세다 대학은 전통적으로 조선인 유학생들이 많이 지망하던 학교였다. 김성수·장덕수·현상윤으로부터 시작하여 최두선·신익희·이병도·이광수에 이르는 쟁쟁한 인물이 이곳을 거쳐갔다. 그래서 당시 조선에서는 일본 유학을 가면 으레 와세다 대학에 다니는 것으로 알 정도였다. 와세다 대학은 메이지 대학과 함께 대표적인 명문 사립 학교이다. 관립인 동경제국대학은 대일본 제국 관료를 양성하기 위해 만들어졌으므로 국가 중심 사상과 독일식의 엄격하고 경직된 학풍이 지배하고 있었다. 이에 비해서 사립인 와세다 대학은 상대적으로 자유롭고 개방적인 학풍을 지니고 있었다. 또 제국대학은 식민지 조선에서 온 유학생이 입학하기도 어려울뿐더러 그 학풍에 적응하기도 힘들었다. 그래서 조선인 유학생은 와세다 대학을 비롯한 사립 대학에 몰리게 되었다. 문학에 대한 열정을 불태우고 있던 김우진에게는 와세다 대학이야말로 마음에 꼭 드는 곳이 아닐 수 없었다.

학문의 빛을 찾아 ● 조선인 일본 유학생은 1882년(고종19년) 박영효가 일본에 수신사로 갈 때 생도 10명을 데리고 간 것이 처음이었다. 하지만 초기 유학생은 대부분 정치적 격변에 휘말려 희생되거나, 그렇지 않더라도 진득이 앉아서 공부를 할 여유가 없었다. 그들은 준비 없이 무작정 일본으로 건너갔기 때문에 학업을 제대로 따라갈 수 없어서 이 학교 저 학교를 전전하든가 학교에 이름만 걸어 놓고 몰려다니며 비분강개만 토로하곤 했다.

조선인 유학생이 제대로 자리를 잡고 공부하기 시작한 것은 김우진이 일본 유학을 떠난 1910년대에 이르러서였다. 김우진의 경우처럼 국내에서 이미 근대 학문의 훈련을 받고 건너갔기 때문이다. 유학생들은 '조선유학생학우회'라는 친목 단체도 만들고 '학문의 빛'이라는 뜻의 잡지 『학지광(學之光)』을 펴내기도 했다.

김우진은 "민족의 현실은 엄혹한데 개인의 내면 세계에만 빠져드는 것 아니냐"는 비판을 받기도 했고, 그래선지 3·1 운동의 도화선인 재일 유학생의 2·8 독립선언에 참여하기도 했지만, 문학 예술의 유혹을 떨쳐 버릴 수는 없었다. 그리하여 와세다 대학 영문과를 졸업한 뒤 귀국하여 대중 문화 활동에 뛰어들게 되었다.

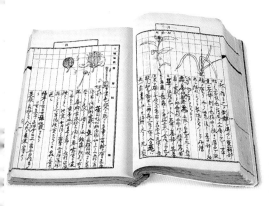

◀ **농장 일기**: 김우진이 구마모토 농업학교에 다닐 때 쓴 학습 일기. 2학년과 3학년 때 체험한 근대적 농법 실험과 새로운 농업 정보가 가득 기록되어 있다. 그는 재학 중 「축산론」을 발표했는가 하면 「조선에서의 삼림 사업 일반」이라는 제목의 졸업 논문을 제출했다. 이렇게 그는 모범적인 농학도였지만 농학에서 행복을 찾지는 못했다.

▶ **영어로 쓴 졸업 논문**
김우진이 와세다 대학을 졸업하면서 제출한 졸업 논문. 제목은 「인간과 초인」이며 영문으로 씌어졌다. 그는 니체의 염세적인 철학에 젖어들고 있었다. 그는 초성(焦星)이라는 아호를 즐겨 썼는데, 이는 니체의 『짜라투스트라는 이렇게 말했다』 머리말에서 따온 것으로, 태양을 가리키는 '불타는 별'이란 표현을 빌린 것.

◉ 서당은 없어졌을까?

1895년(고종32년) 근대적 학제가 반포되고 신식 학교가 만들어지기 시작했지만 전통 교육기관인 서당은 사라지지 않았다. 식민지 시기에 들어서면 서당의 숫자는 줄어들기는커녕 오히려 늘어나서 1918년에는 서당의 숫자가 2만 4천 개를 넘어섰다. 그에 비해 당시 공립 학교는 고작 462개에 불과했다. 이렇게 서당이 늘어난 것은 오랑캐인 일본인이 세운 신식 학교에 아이를 보내는 것을 양반들이 꺼렸기 때문이기도 했지만, 거꾸로 평민의 교육열 때문이기도 했다. 이제는 세상이 달라졌으니 아이들을 가르쳐야겠는데 총독부 당국에서 충분한 숫자의 학교를 만들어 주지 않으니 서당에라도 보내야겠다고 생각한 것이다. 그렇기 때문에 이 무렵 서당에서는 전통 한문 과목 이외에 새로운 교과목을 가르치는 경우가 많았다. 이러한 서당을 '개량 서당'이라고 했다. 그러다가 총독부에서 보통학교를 많이 세우면서 서당은 학교에 입학하기 전에 다니는 예비 학교로 성격이 바뀌어갔다.

▶ **식민지 시기 서당의 모습**
학생 대부분이 취학 연령 전의 아동들이다. 훈장을 등지고 앉은 것은 촬영을 위한 포즈인 듯.

'유행'이 유행하는 시대

서양 물건과 영화라는 새로운 대중 매체의 영향으로 '유행'이 유행하는 시대가 되었다. 유행의 시작은 '개성화'였다. 똑같은 머리 모양과 옷차림에서 벗어나 서구적 모자와 하이힐로 약간의 변화라도 주어 개성을 드러내 보자는 것이었다. 이처럼 유행은 개인에서 시작되었지만 점차 계층마다 구분되는 일정한 유형을 만들어 갔다. 맥고모자와 하이힐은 신사나 신여성. 서양 책과 묶은 머리는 전문학생과 여학생. 교태 나는 양장이나 질질 끌리는 비단 치마에 인력거는 웨이트리스와 기생을 상징했다.

양산 : 쓰개치마의 대용품으로 등장. 초기에는 검정 우산이 유행했으나 점차 화사한 색깔의 레이스를 덧댄 화려한 양산이 애용되었다

맥고모자 : 밀짚으로 만든 여름용 서양 모자. 갓의 대용품으로 단발 이후 계층과 상관없이 모든 남성이 즐겨 썼다.

교복 : 한복 차림이던 학생복은 1920년대에 양복으로 바뀌었다. 남학생 교복은 배지와 모자, 단추에 표시된 학교 상징만 달랐다.

맥고모자 쓴 신사

눈부시게 하얀 옥양목 두루마기에 구두를 신은 서울 신사. 신식 교육을 받은 엘리트가 아니면 1930년대까지도 이처럼 한복과 양복을 혼합해서 입는 것이 남성의 보통 차림이었다.

패션 리더 여학생

전통 사회의 유행을 주도한 것이 기생이라면, 근대의 패션 리더는 여학생. 한복의 간소화라는 실용적 목적이 돋보인다. 여밈 없는 짧은 통치마에 긴 저고리. 품과 소매통은 늘려서 활동이 편하도록 했다. 거수상스런 쓰개치마 대신 양산을 썼다. 이것이 근대적 교육을 받은 여성의 상징물이 되었다.

인력거 : 1894년 일본에서 처음 수입된 인력거는 좁은 골목을 누빌 수 있기 때문에 가마를 대신하여 인기 있는 교통 수단이 되었다. 특히 기생이 많이 이용했는데, 당시 요릿집에서는 기생이 필요하면 기생조합에 연락하여 해당 기생에게 인력거를 보내 그곳으로 모셔 오도록 했다.

연애소설 : 당시 학생들이 가장 즐겨 읽은 책은 연애소설이었다. 이광수는 근대적 연애소설 작가로 그의 『무정』은 대단한 인기를 누렸다.

인력거꾼 : 다리품으로 먹고 사는 그의 생명력은 뜀박질 실력. 이 때문에 서울 장충단에서 벌어진 '대운동회'의 장거리 경주에서는 인력거꾼이 곧잘 일등을 했다.

▲ **경성 거리** : 경성(京城)은 서울을 부르던 일제 때 이름. 저절로 달리는 전차는 시골 사람들에게 대단한 구경거리였다. 이처럼 서울은 근대 문물의 최대 수혜자였다.

기 생 과 인 력 거 꾼

자락이 끌릴 정도로 긴 수입 비단 치마와 화려한 무늬를 넣고 짠 저고리를 입고 머리에는 밀화와 각종 보석으로 장식한 아얌(외출용 모자)을 쓴 기생. 반면 인력거꾼은 최하층 복식을 했다. 식민지 시기에도 보통 사람들은 거의 일본식 옷차림을 하지 않았으나, 최하층은 가리지 않고 일본식·조선식이 섞인 옷차림을 했다.

모 던 보 이

고등보통학교 교복을 빼 입고 한 손에는 바이올린, 한 손에는 연애 소설을 들고 있는 당대의 '오렌지족'고보 학생은 오늘날 대학생보다도 나은 사회적 대우를 받던 엘리트. 금단추와 배지가 달린 학생복과 학생 모자는 선망의 대상이었으니, 거기에 음악과 문학적 소양까지 갖췄다면야 더 말할 필요가 있을까?

식민지에서 신여성은 무엇으로 사는가

1921년 김우진이 목포에서 순회 공연을 가질 때 공연단 중에는 조선 최초의 소프라노 여가수 윤심덕도 끼어 있었다.
김우진과 윤심덕은 곧 사랑에 빠졌으니 이 노릇을 어찌하랴, 김우진은 이미 유부남이었던 것을!
그해, 여류 서양화가 나혜석은 「인형의 집」에 부쳐 여성도 인간임을 선언했다. 불우했던 그들의 사랑과 인생 이야기.

◀ 못된보이, 못된걸
노인들은 모던걸을 보고 "요즘 젊은 것들은……" 하면서 혀를 찼지만 젊은 세대는 모던걸을 따랐다. 통속 잡지에는 「모던걸에게 장가 가는 법」이란 기사가 실리기도 했다.

여성들 집을 나서다 ● 여성들이 집 밖으로 나오기 시작했다. 과거에는 '규수(閨秀)'란 말에서도 볼 수 있듯이, 여성은 엄격한 내외 구분에 따라 집 밖으로 나올 수 없었다. 태어나서 죽

을 때까지 집 안에서만 생활해야 했다. 처음에는 친정에서 살다가 중간에 시집으로 옮겨오지만 집 안에만 있어야 하는 것은 여전했다. 어쩌다 부득이하게 집 밖으로 나갈 때면 장옷으로 온몸을 감춰야 했다. 한양에서는 여성이 마실 다니는 시간이 정해져 있었다. 그럴 때면 남자는 바깥 출입을 삼가는 것이 예의였다.

그런데 언제부터인가 드러내 놓고 집 밖으로 나와 활동하는 여성이 생겨나기 시작했다. 이들을 '신여성'이나 '모던걸'이라고 불렀다. 모던걸은 댕기머리를 한 구여성과 달리 단발을 했기 때문에 '모단(毛斷)걸'이라고도 불렸고, 자유분

방한 행태를 내심 못마땅하게 여긴 노친네들로부터 '못된걸'로 불리기도 했다.

'1세대 커리어우먼'의 탄생 ● 모던걸은 대부분 신식 학교에 다니는 여학생이었다. 학교라는 곳이 여성에게 합법적으로 집 밖에 나올 수 있는 명분을 제공해 주었기 때문이다. 옛날 여성은 집 안에서 부모에게 교육을 받았다. 근대 들어서야 비로소 공적인 공간, 즉 학교에서의 여성 교육이 시작되었는데, 이런 여학교는 기독교 계통이 많았다.

여학교가 여성에게 가정이라는 울타리를 벗

◀ 나혜석의 「깡깡무희」
나혜석은 1921년 4월 서울에서 첫 유화 개인전을 열어 장안의 화제를 모았다. 경기도 수원의 부유한 집안 출신인 나혜석은 일본 유학 시절 그림뿐 아니라 문학에도 소질을 발휘하여 근대적 여성 자아를 세우기 위한 싸움을 그린 「경희」같은 소설을 발표하기도 했다. 1918년 귀국 후 화단과 문단을 넘나들면서 활발한 활동을 전개한 대표적인 모던걸이라고 할 수 있다.
왼쪽은 남편과 함께 프랑스로 여행갔을 때 그린 그림.

▲ 여성의 '발' : 『여성』 1937년 2월호에 실린 「발」이라는 정순애의 시에 곁들인 삽화.
시 속에서는 "구두를 신고 길을 다 나오십시오. 당신들은 너무도 오래 골방 속에 가쳤습니다"라는 등 여성 해방적 시각이 표현되어 있다.

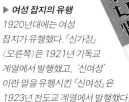

▶ 여성 잡지의 유행
1920년대에는 여성 잡지가 유행했다. 『신가정』 (오른쪽)은 1921년 기독교 계열에서 발행했고, '신여성' 이란 말을 유행시킨 『신여성』은 1923년 전도교 계열에서 발행했다.

어날 기회를 제공했지만 여학생이 모두 가정이란 울타리에서 완전히 탈출한 것은 아니었다. 많은 여학생은 졸업과 함께 '주부' 란 이름으로 또 다른 가정에 복귀했다. 실제 당시 대부분의 여학교는 교육 목표를 '현모양처' 에 두고 있었다.

그래도 일부 여성은 학교를 징검다리로 삼아 가정이란 울타리에서 벗어나 자신만의 삶의 세계를 개척할 수 있었다. 1920년대 들어 사회 각 분야에 여성들이 진출하기 시작한 것이다. 당시 신문 지상에는 최초의 여성 의사·약사·기자·비행사 등 1세대 전문직 여성의 탄생을 소개하는 기사가 잇따라 실렸다. 그리고 이처럼 사회에 진출한 '잘 나가는' 여성을 중심으로 여성만의 사회, 즉 '여성계' 도 만들어질 수 있었다. 물론 집에서 살림만 하는 보통 여성으로서는 "가까이 하기엔 너무 먼" 여성계였지만.

조선의 노라들 ●
윤심덕과 나혜석은 이러한 1세대 전문직 여성 가운데서도 화려하게 앞서 나간 인물들이었다. 나혜석이 연극 「인형의 집」 에 삽입한 '인간 선언' 을 보자. "남편과 자식들

에 대한 / 의무 같이 / 내게는 신성한 의무 있네 / 나를 사람으로 만드는 / 사명의 길을 밟아서 / 사람이 되고져."(『매일신보』)

조선의 모던걸 나혜석은 인형의 집을 뛰쳐나온 노라가 되려고 했나 보다. 인형의 집 속의 노라처럼 과거 조선의 여성에게도 '나' 는 존재하지 않았다. 누구의 딸, 누구의 아내, 누구의 어머니만 있었을 뿐이다. 개인은 존재하지 않고 가족만이 있던 시대였기 때문이다. 그때 그러한 여성의 직분에 충실한 것을 일컬어 '삼종지도(三從之道)' 라고 불렀다.

그런데 언제부터인가 조선 여성도 그러한 직분 이전의 자신, 한 개인으로서의 자신을 찾아 길을 떠나기 시작했다. 이렇게 '나' 를 찾아 길을 나선 조선의 노라에게는 얼굴도 한 번 보지 못한 채 부모가 정해 주는 대로 하는 전통 혼인은 도저히 용납할 수 없는 일이었다. 혜석의 아버지는 18세의 혜석에게 좋은 혼처가 나섰다고 공부를 그만두라고 강요했지만, 그녀는 이를 뿌리치고 자신의 길을 갔으며 자신이 선택한 사람과 사랑을 나누고 결혼을 했다.

◉ 모던걸의 상대 모던보이

근대 들어 '청년' 이란 말이, "젊은 이여 야망을 가져라" 라는 구호가 떠돌기 시작했다. 과거와 같은 농업 중심의 정적인 사회에서 젊다는 것은 미숙하고 경솔한 것을 의미할 뿐 결코 자랑이 아니었다. 오랜 경험과 경륜을 갖춘 노인들이 더 대접을 받았다.

하지만 변화와 발전을 지향하는 근대 사회에서는 오랜 경험과 경륜이 오히려 걸림돌일 수도 있었다. 오히려 백지 상태인 청년이 변화와 발전을 밀어붙일 존재로 기대를 모으기 시작했다. 청년이란 말이 자랑거리가 된 것이다.

근대에 들어 유행한 '청년' 이란 말은 단지 젊다는 의미만 담고 있었던 것이 아니다. 근대적 사상과 문화를 가진 신세대를 의미하는 말이기도 했다. 아무리 나이가 젊어도 과거의 사고방식을 고수하고 있으면 청년이 아니었다.

1920년대 들어 근대 교육을 받고 새로운 문화를 가진 세대가 나타나기 시작했는데, 이들을 '모던보이' 라고 불렀다. 이들은 세상을 자기 방식대로 바꾸려고 했기 때문에 구세대와 충돌을 빚지 않을 수 없었다. 이들이 하는 일이 하나같이 못마땅했던 구세대는 모던보이를 가리켜 '못된보이' 라고 부르기도 했다.

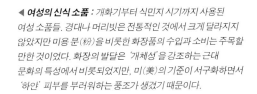

◀ **여성의 신식 소품** : 개화기부터 식민지 시기까지 사용된 여성 소품들. 경대나 머리빗은 전통적인 것에서 크게 달라지지 않았지만 미용 분(粉)을 비롯한 화장품의 수입과 소비는 주목할 만한 것이었다. 화장의 발달은 '개체성' 을 강조하는 근대 문화의 특성에서 비롯되었지만, 미(美)의 기준이 서구화하면서 '하얀' 피부를 부러워하는 풍조가 생겼기 때문이다.

박가분 : 두산그룹 창립자인 박승직의 부인 정정숙이 운영하던 포목점에서 덤으로 주던 상품. 인기를 끌자 1920년 독립 상품으로 등록하여 관허(官許) 국산 1호 화장품이 되었다.

분과 '구리무' : 분은 일본이나 청나라를 통해 밀수된 것이 주종을 이루다가 박가분의 등장으로 국산 분도 애용되었다. 그러나 박가분이 납중독을 일으킨다는 인체 유해론이 들끓자 1930년대에는 납 성분이 없다고 강조하는 서가장분·서울장분 등이 등장했다. '크림' 의 일본식 발음인 '구리무' 도 애용되었다.

브로치 : 손뜨개질이 유행하면서 직접 뜬 가디건이나 솔을 많이 걸쳤는데, 여기에 붙인 장신구로 짐작된다.

핸드백 : 전통 한복의 주머니 대용품. 핸드백은 여성이 널리 애용한 소품이었다.

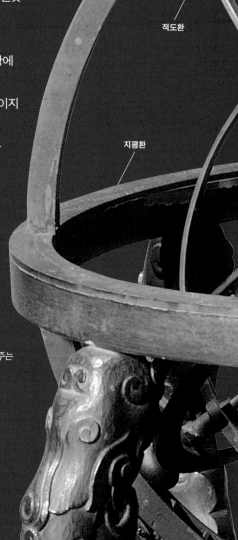

적도환

지평환

특별전시실

SPECIAL
EXHIBITION

지 도 로 본 세 계 관 의 변 화

천하에서 세계로

오른쪽은 조선 후기 천문 시계의 일부이다. 이 장치 한가운데 있는 둥근 공 모양의 물체는 지구의 모형.

지금 우리에게는 너무나도 친숙한 세계의 모습이지만, 조선 시대 사람들에게는 매우 생소한 형태였다.

이 세상이 둥근 공 모양으로 생겼다는 것은 당시 중국을 통해 갓 들어온 서양 지식이었기 때문이다.

반면, 이 장치에서 지구 모형을 둘러싸고 있는 둥근 구조물들은 동아시아 사람들이 옛날부터

생각해 오던 천체의 모양을 상징하고 있다.

그러니까 이 장치 안에는 동서양의 천체관이 한데 뒤섞여 있는 셈이다. 이런 장치에서

우리는 조선 후기 사람들의 마음을 읽을 수 있다. 그들은 서양에서 들어온 천문 지리 지식을

기존의 동양적 우주론의 틀 안에서 이해해 보려고 했던 것이다.

이런 조선 사람들의 마음을 가장 잘 읽을 수 있는 것이 그 당시의 세계 지도들이다.

조선 초기부터 세계 지도는 조선 사람의 세계관을 들여다볼 수 있는

거울과 같았다. 그들이 서구식 세계 지도를 통해 새로운 세계를 보기

시작한 것은 17세기였다. 중국 중심의 세계에 익숙해 있던 사람들에게

서구식 세계지도가 보여 주는 세계는 어떻게 받아들여졌을까?

그 지도에서 중화 '천하' 보다 넓은 '세계' 를 보면서 불현듯

자신이 우물 안 개구리라는 것을 깨달았을까?

그렇지 않았다. 그들이 한순간에 전통적 세계 지도와

서구식 세계 지도 사이에서 양자택일을 해야 하는 입장에

놓였던 것은 아니다. 그들에게 세계는 규모의 문제가

아니었다. 그것은 늘 '내게 가치 있는, 의미 있는 세계' 이지

않으면 안 되었다. 그런 발상은 어떤 사실의 영역도

가치의 맥락으로 파악하는 유교적 사유 방식에서 오는

것이었다. 조선 사람들은 서구식 세계 지도가

'내게 의미 있는 세계' 로 재해석될 수 있는지를

살피기 시작했다. 그리하여 서구식 세계 지도는

조선에서 '내면화' 의 과정을 거치면서

재해석되었으며, 그런 맥락에서 받아들여졌다.

▲ **우리 조상이 누비던 '내게 의미 있는' 세상**
'밝게 빛나고 창성한 세상' 을 뜻하는
'황비창천(煌조昌天)' 이란 글자가
새겨진 고려 시대 거울(銅鏡). 중국에서도
많이 만들어졌으며, 고려 시대 중국과의
해상 교류의 상징물이다.
지름 17.0cm. 국립중앙박물관 소장.

▶ **천문시계의 시뮬레이터** : 고려대학교에 소장된 천문시계는 조선에 해시계와 물시계만 있었던 것이
아니라는 사실을 실물로 보여 준다. 이 시계는 시보 장치 부분과, 시보장치에 연결되어 지구의 움직임을 보여 주는
시뮬레이터(사진) 부분으로 구성되어 있다. 관천수시(觀天授時), 즉 '하늘을 보고 때를 알려 주는 것' 은 왕의
기본 임무 중 하나였다. 농업 사회에서 농사의 때를 알려 주는 것은 무엇보다 중요한 일이었기 때문이다.
이 천문시계는 진자와 톱니바퀴로 된 시보장치에 시뮬레이터를 붙임으로써 관천수시의 의미를 살리고 있다.
이 시뮬레이터는 육합의(六合儀), 삼신의(三宸儀), 지구의(地球儀) 등 세 부분으로 구성되어 있다.

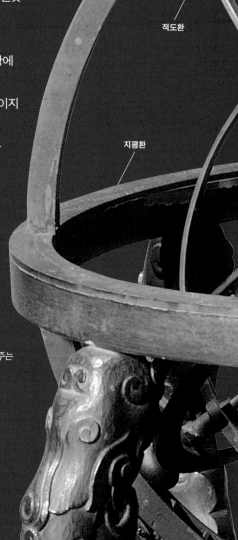

동양의 전통적 우주관 — 개천·혼천

세계 지도를 살피기 전에 먼저 동양에서는 우주의 모습을 어떻게 보았는지 간략히 알아보자. 동양 사회에서 처음 우주 구조론이 나온 것은 기원전 2～3세기 무렵이었다. 그때 하늘과 땅은 서로 마주하고 있는 평면으로 생각되었다. 하늘은 둥글고 땅은 네모라는 '천원지방(天圓地方) 사상'이 그것이다. 당시 나온 '개천설'(오른쪽 위)에 따르면 원형의 하늘과 방형의 땅은 평행한 평면이며 거리는 8만 리이다. 그 후 이 개천설을 수정하여 하늘은 북극을 꼭지점으로 한 삿갓 모양이고 땅은 엎어 놓은 사발 모양이라는 견해가 나오기도 했다(가운데). 그리고 가장 오랫동안 영향을 미친 것이 '혼천설'로 달걀 껍질이 노른자를 감싸고 있는 것처럼 공 모양의 하늘이 땅을 둘러싸고 있다는 견해였다. 혼천설 속의 세계는 하늘('혼천')이 알 껍질처럼 땅을 감싸고 평면인 땅은 물 위에 떠 있으며 태양이 낮에 땅 위를 지나다가 밤에는 물 속으로 잠기는 안온한 세상이었다.

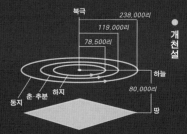

● 개천설

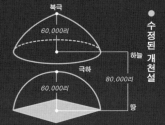

● 수정된 개천설

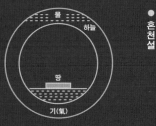

● 혼천설

자오환

● 천구를 나타내는 육합의(六合儀) : 천구상의 동서남북, 그리고 천정·천저 등 6개 방위를 표시한 것이다. 지면과 수평한 지평환, 그것과 수직 방향의 자오환, 그리고 자오환의 두 극점 사이를 자오환과 직각 방향으로 연결하는 적도환 등 세 개의 고리로 구성되어 있다. 육합의 안쪽에는 12궁·24절기·28수를 새긴 삼신의(三辰儀)가 있다.

지구의 : 간략한 세계지도가 그려져 있으며, 남북을 축으로 시계 장치에 연결하여 하루 한 번 회전하도록 했다.

▲ **우리 조상의 우주관**
하늘은 태양이 운행하는 원에 의해
나뉘는 평면의 원이다.
태양은 하지와 동지, 춘분과 추분 때
서로 다른 동심원을 그리며
북극을 중심으로 회전한다.
동양의 우주관은 사변적 차원에
머물러 있어서 넓은 세상의
모습을 구체적으로 설명하지는 않았다.
동아시아를 벗어난 땅은
다만 넓은 평면으로 가정될 뿐이었다.

◀「천하여지도(天下輿地圖)」

목판본과 채색 사본
두 가지가 있다.
제작자는 전해지지 않으며
범례 끝에 '건륭정묘(1747)'라고
기록되어 있다.
목판본의 조선 지도는
군현의 대부분을
세밀하게 기록했으나
채색본은 윤곽이 정확하지 않고
서울과 도(道)의 명칭,
주요 산을 표시하는 데 그쳤다.
만주 지역과 조선 지도의
연결 부분에 넓은 공백을
남기고 있는 것도 채색 사본의
특징적 양상 중 하나이다.

지도 윗부분을 보면,
① 조공을 바치는 나라로
조선국·교지국(交阯國)을
나열하고 그 다음에
② 중국 행정구역의 변천
③ 역대 수도
④ 범례를 수록했다.
지도에서 경(京)은 팔각,
성(省)은 사각, 부는 원,
주는 긴 원으로 표시했다.
⑤ 연호는 청나라 것인
건륭(乾隆)을
사용하고 있다.

채색 사본. 1747년(영조 23년).
186×126cm.
숭실대학교 박물관 소장.

북경
조선
남경
일본
유구

▲ **「대명국지도(大明國地圖)」** : 명나라 학자 양자기의 발문(지도 아래 가운데 부분)이 붙어 있어서 '양자기발 여지도'라고도 부른다.
명나라와 그 주변 국가들로 구성된 세계를 보여준다. 주변 국가의 윤곽이 심하게 훼손되어 있지만, 범례(지도 아래 왼쪽)를 싣고 있으며
기호화를 시도했다는 점에서 중요한 의미가 있다. 지도 아래쪽의 설명문은 명나라 때의 행정구역 이름을 별도로 나열한 것.
북경과 남경은 팔각형 테두리 모양으로 나타냈는데, 그 바깥쪽에 성곽이 있다는 사실을 함께 표시하고 있다.
채색 사본. 1526년(중종 21년). 165.5×180cm. 중국 뤼순(旅順) 박물관 소장.

◉ 중화(中華) 천하 — 천하여지도 ◉

왼쪽 지도의 이름은 「천하여지도」. '천하'란 '세계'를 가리키는 전통 용어이므로 지금 말로 하면 '세계 지도'라는 뜻이다. 이것은 18세기 중반 중국 지도를 들여와 한반도를 덧붙여 만든 지도인데, 그 정도면 당시 조선 사람에게 의미 있던 세계로 충분했다. 그런데 이 지도는 좀 이상하다. 지도가 만들어진 18세기 중반은 중국에서 명나라가 멸망하고 청나라가 들어선 지 오래된 때인데, 지도 위쪽에 쓰인 중국의 행정구역 명칭은 모두 명나라 것이기 때문이다. 이런 문제는 같은 시기에 조선에서 만들어진 다른 중국 중심 세계 지도에서도 흔하게 나타난다. 왜 이런 현상이 나타났을까?

그것은 조선 사람들이 '내게 의미 있는 세계'를 생각하는 방식과 관련되어 있다. 중국의 한족은 고대부터 자기네 땅인 중원을 세계의 중심으로 생각했다. 그들은 자기네 땅을 '중화'라고 불렀고 그 주변부는 자기들의 우월성을 장식해 주는, 없어서는 안 되는 것들로 생각했다. 주변부에 사는 사람들을 '오랑캐'라고 불렀는데, 중국인의 사고 속에서 사방의 오랑캐, 즉 '사이(四夷)'에 대한 관념이 나타나기 시작한 것은 이미 주나라 때부터였다. 조선의 지식인들은 자신들이 지리적으로도 중국과 가까울 뿐 아니라 문화도 중화 세계의 수준에 버금간다고 생각했다. 그것을 일컬어 '소중화 의식'이라고 한다. 그들이 중화로 여기던 명나라가 망한 것은 스스로를 소중화로 생각하던 조선 지식인에게도 충격이었다. 어떤 이는 전통적인 소중화 의식을 좀 더 경직된 형태로 드러냈고, 어떤 이는 조선이 중화 문화의 정통을 계승한 유일한 국가라고 생각하기도 했다. 이들 조선 지식인에게는 중화 천하야말로 '내게 의미 있는 세계'가 아닐 수 없었다.

그 '의미 있는 세계'의 중심에 과거 시점의 중국(명나라)이, 혹은 현재 시점의 조선 자신이 있었다. 그리고 그들은 그 문화적 중심점에 서서 세계를 바라보고 있었다. 이 지도의 한반도가 실제보다 매우 과장되어 있는 것도 그러한 세계관과 무관하지 않을 것이다. 물론 그것은 객관적이거나 현실적인 판단은 아니었다. 그러나 자기를 중심으로 세계를 바라보는 것은 이 시기 동아시아 나라들에 공통된 태도였다.

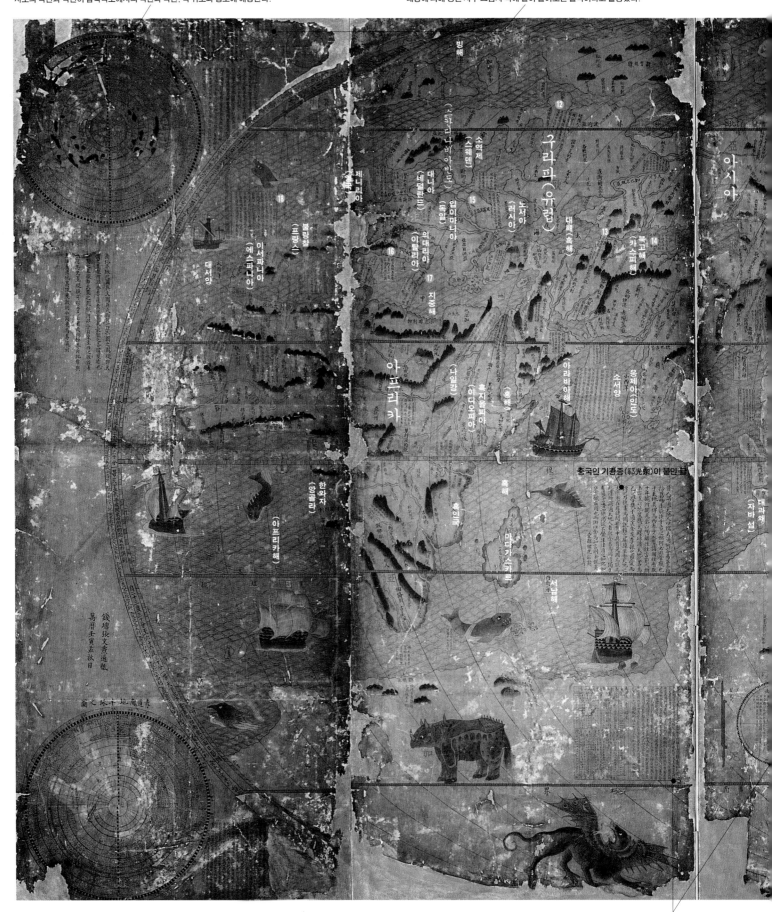

적도북지반구지도(赤道北地半球之圖·위)·적도남지반구지도(아래) : 북극과 남극을 중심으로 양반구 형태의 지구를 묘사하고 관련 설명을 붙인 것. 타원형 지도의 곡선과 직선이 남북극도에서의 직선과 곡선, 즉 위도와 경도에 해당한다.

일식도(日蝕圖)·월식도 : 일식과 월식의 원리를 설명한 뒤, 일월식의 원리로 지구와 달·태양의 상대적 크기를 가늠할 수 있다는 것을 밝혔다. 달이 태양과 지구 사이에 놓이면 일식, 태양에 의해 생긴 지구 그림자 속에 달이 들어오면 월식이라고 설명했다.

▲ 「곤여만국전도(坤輿萬國全圖)」: 마테오 리치가 1602년 북경에서 만든 것을 1603년(선조 36년) 명나라에 사신으로 간 이광정·권희가 가지고 들어왔다. 사진은 그 사본. 1708년(숙종 34년). 보물 849호. 172×531cm. 서울대학교 박물관 소장.

북극성을 관측하는 법 : 원형의 동판이나 목판을 활용해 북극성을 관측하는 방법, 천체 관측에 쓰이는 양천척(量天尺)의 모형, 절기별 환산법과 관련된 표 등이 있다.

◉ 마테오 리치가 보여 준 세계 — 곤여만국전도 ◉

마테오 리치는 서구식 세계 지도를 동양 사회에 처음으로 소개한 사람이었다. 그는 세계 지도를 한자로 번역해 중국인에게 보여 주면서, 그 지도 속의 넓은 세계가 중국 중심의 세계와 충돌하지 않도록 배려했다. 우선 그는 중국을 도면 가운데 배치했다. 그런다고 해서 지구가 둥글며 지구상의 세계에는 따로 중심이 있을 수 없다는 본질은 변하지 않는다. 또 중국 부분에 '대명일통(大明一統)' 네 글자를 선명하게 새겼다. 위대한 명나라가 이 세계를 통일했다는 뜻이다.

그런데 서구식 세계 지도에 나오는 낯선 지명들을 중국인에게 이해시키는 것은 보통 어려운 문제가 아니었다. 유럽과 아프리카, 아메리카의 지명은 한자로 쓰여 있었지만 한자의 소리만을 빌려 온 것이어서 전혀 뜻이 통하지 않았다. 마테오 리치는 이 낯선 세계를 동양적 언어로 이해시키기 위해 또 한 번 타협을 시도했다. 중국인에게 생소한 지역에 이름을 붙일 때 신화 세계를 묘사한 동양 고전을 활용한 것이다. 아시아 대륙 동북쪽의 '귀국(鬼國)', 카스피 해 위쪽의 '일목국(一目國)'과 '여인국(女人國)', 북유럽 끝자락의 '왜인국(矮人國)' 등. 불가사의한 것은 지명만이 아니다. 지도 구석구석에는 이해할 수 없는 풍경도 묘사되어 있다. 이런 불가사의한 풍경은 대체로 『산해경』 같은 중국 고전에 근거를 두고 있다. 이 전략은 성공했다. 중국인에게 「곤여만국전도」는 중심 없는 세상을 보여 주는 것이 아니라 중국의 주변이 얼마나 넓은지를 보여 주는 자료로 받아들여졌다. 마테오 리치가 죽은 뒤 로마 교황청은 선교사를 잇따라 중국에 파견했다. 그들도 마테오 리치처럼 여러 세계 지도를 한자로 번역했다. 그리고 마테오 리치의 전략을 이어받았다. 그 당시 조선이 본 서구식 세계 지도는 바로 그렇게 서구식 세계 지도의 중심에 중국을 그려 넣은 것이었다.

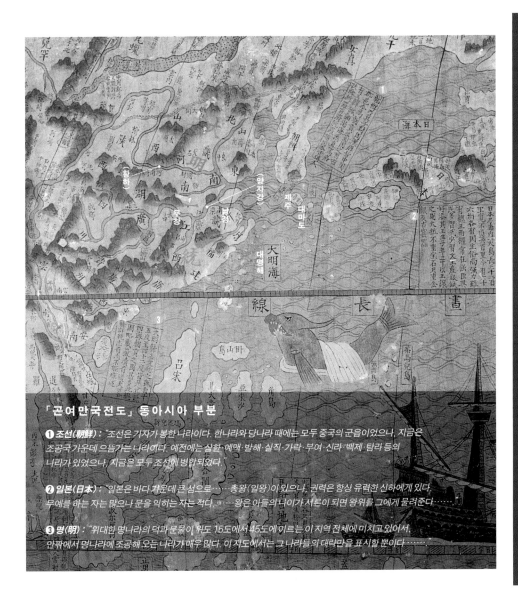

◀ **조선 앞바다에 내린 서양의 닻**
네덜란드인 하멜이 탄 배의 닻.
길이 185.5cm.
국립제주박물관.

◀ **17세기 서양무역선의 컴퍼스**
동인도회사 무역선에서 쓰이던 항해용구. 길이 17cm. 일본고베시립박물관.

「곤여만국전도」 동아시아 부분

❶ 조선(朝鮮) : "조선은 기자가 봉한 나라이다. 한나라와 당나라 때에는 모두 중국의 군읍이었으나, 지금은 조공국 가운데 으뜸가는 나라이다. 예전에는 실한 · 예맥 · 발해 · 실직 · 가락 · 부여 · 신라 · 백제 · 탐라 등의 나라가 있었으나, 지금은 모두 조선에 병합되었다."

❷ 일본(日本) : "일본은 바다 가운데 큰 섬으로 … 총왕(일왕)이 있으나, 권력은 항상 유력한 신하에게 있다. 무예를 하는 자는 많으나 문을 익히는 자는 적다. … 왕은 아들의 나이가 서른이 되면 왕위를 그에게 물려준다……"

❸ 명(明) : "위대한 명나라의 덕과 문물이 위도 15도에서 45도에 이르는 이 지역 전체에 미치고 있어서, 안팎에서 명나라에 조공해 오는 나라가 매우 많다. 이 지도에서는 그 나라들의 대략만을 표시할 뿐이다……"

❀ 조선과 서양의 만남
네덜란드는 동남아시아 국가?

조선이 네덜란드의 존재를 처음 알게 된 것은 벨테브레나 하멜과 같은 선원들이 표류해 오면서부터였다. 중국과의 교역을 성사시키지 못해 어려움을 겪던 네덜란드는 1602년 영국의 사례를 모델로 하여 동인도회사를 설립했다. 이 회사는 동방 무역을 주관하면서 무역 및 식민지 경영과 관련된 국가 권력 일부를 위임받을 만큼 막강한 권한을 가지고 있었다.

네덜란드는 포르투갈이 가지고 있던 동방 무역 주도권을 빼앗고, 대만을 거점으로 삼아 일본 · 중국 · 유럽을 잇는 중개무역으로 막대한 이윤을 얻었다. 일본 막부는 쇄국 정책을 실시했지만, 나가사키를 통한 네덜란드와의 통상 관계는 꾸준히 이어갔다.

그러나 당시 조선은 네덜란드가 서양 나라인 줄도 모르고 있었고 그것이 문제가 되지도 않았다. 포르투갈과 네덜란드를 구별하지도 않았고 그럴 필요도 없었다.

조선이 받아들인 서구식 세계 지도에도 '화란(和蘭)' · '아란타(阿蘭陀)' 등 네덜란드를 뜻하는 한자 이름이 표시되어 있지 않았다. 마테오리치의 지도에 네덜란드는 '대니아(大泥亞)'로 표기되어 있었지만 조선에서는 그것을 하멜의 나라로 여기지 않았다. '하멜의 네덜란드'는 동남아시아에 자리잡고 중국 · 일본과 조공 형식의 무역을 하는 전형적 상업 세력으로 인식될 뿐이었다.

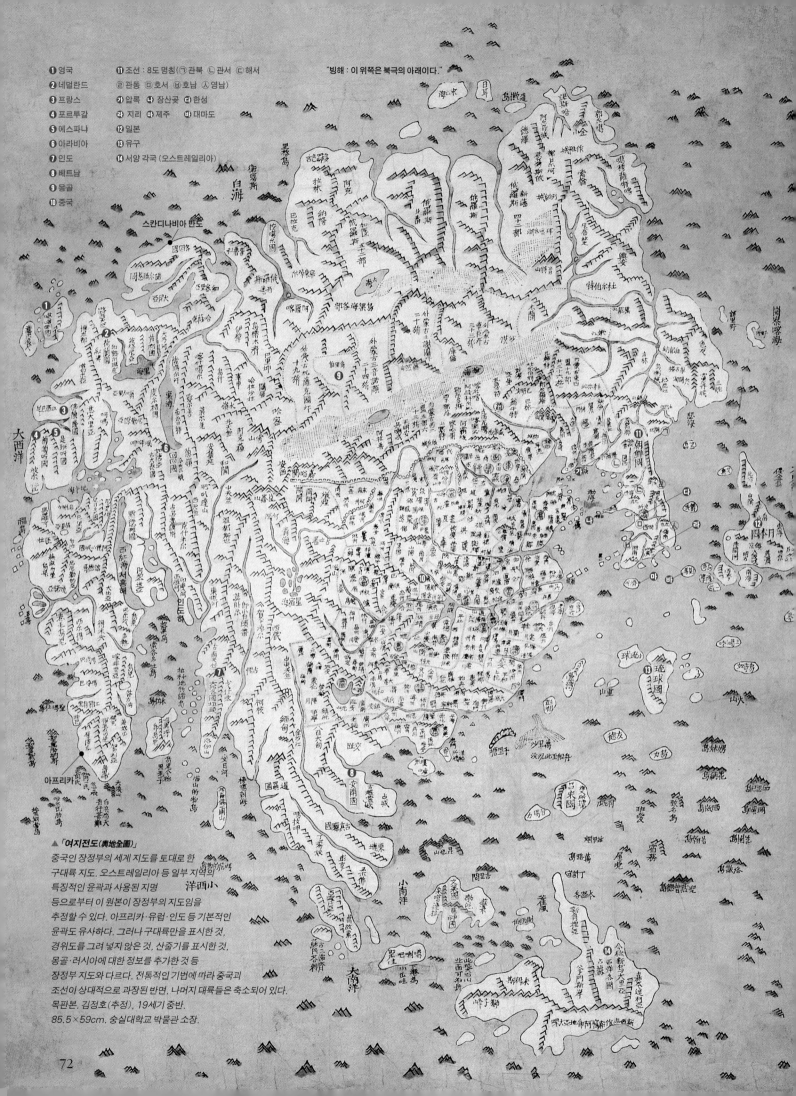

▲ 「여지전도(輿地全圖)」
중국인 장정부의 세계 지도를 토대로 한
구대륙 지도. 오스트레일리아 등 일부 지역의
특징적인 윤곽과 사용된 지명
등으로부터 이 원본이 장정부의 지도임을
추정할 수 있다. 아프리카·유럽·인도 등 기본적인
윤곽도 유사하다. 그러나 구대륙만을 표시한 것,
경위도를 그려 넣지 않은 것, 산줄기를 표시한 것,
몽골·러시아에 대한 정보를 추가한 것 등
장정부 지도와 다르다. 전통적인 기법에 따라 중국과
조선이 상대적으로 과장된 반면, 나머지 대륙들은 축소되어 있다.
목판본, 김정호(추정), 19세기 중반.
85.5×59cm. 숭실대학교 박물관 소장.

◉ 조선 사람들이 본 세계 — 여지전도·천하도 ◉

「곤여만국전도」가 넓은 세상의 모습을 조선 사람들에게 보여 주었지만, '내게 의미 있는 세상'을 따지는 전통적 사고방식은 여전히 살아 있었다. 이 사고방식을 지키면서 객관적인 세계를 표현하기 위해 사람들은 다양한 방법으로 서구식 세계 지도를 재해석하고 변형했다. 여기에서 그 세 가지 예를 살펴보자.

유럽과 아프리카를 중국의 주변부로 묘사하기 ─「여지전도」(왼쪽)는 땅의 윤곽·지명 등을 표현할 때 서구식 세계 지도를 그대로 활용하고 있다. 단지 남북아메리카가 빠져 있을 뿐이다. 그러나 여기 표현된 세계는 왜곡된 세계이다. 중국이 도면의 중심에 있을 뿐만 아니라 지나치게 강조되어 있다. 반면 유럽이나 아프리카는 아주 축소되어 있다. 서구식 세계 지도를 받아들이면서도 구대륙 전체를 중국 중심으로 표현한 것이다.

생소한 나라들에 동양식 이름 붙이기 ─「천하고금대총편람도」(아래 왼쪽)에는 중화 천하가 훌륭하게 나타나 있다. 그러나 이 지도의 네 귀퉁이에는 장각국(長脚國), 장비국(長臂國), 여인국(女人國) 등 낯선 나라 이름이 나온다. 신화 세계를 다룬 『산해경』이나 불교식 세계 지도에 나오는 이름들이다. 이 지도는 유학자가 만든 것인데, 왜 유학자가 이런 책을 인용했을까? 다른 데서는 서구식 세계 지도의 '알 수 없는 세계'를 묘사할 만한 말을 찾을 수 없었기 때문이다. 서구식 세계 지도 속의 불가사의한 세계에다 비슷한 이미지를 제공하는 동양 고전 속 이름을 붙이고 중화 천하 주변에 배치했던 것이다.

『산해경』을 되살려 세계 지도 만들기 ─「천하도」(아래 오른쪽)는 조선 후기 민간에 널리 퍼졌던 세계 지도이다. 이 지도는 가면 모양의 중앙 대륙(내대륙), 그것을 감싸고 있는 안쪽 바다(내해), 다시 안쪽 바다를 감싸고 있는 바깥 대륙(외대륙)으로 구성되어 있다. 도면 대부분을 차지하는 상상의 지명들은 『산해경』에서 따온 것이다. 『산해경』은 삼국 시대에 우리 나라에 전해졌지만 유학자의 눈에는 허황된 책일 뿐이었다. 이 책에 나오는 이상한 나라 사람들은 한결같이 비정상적인 몸을 가지고 있다. 유교의 나라 조선에서, 『산해경』의 일부 내용이 「천하도」에서 되살아난 것은 엄청난 사태였다. 무엇이 그런 사태를 가져왔을까? 그것은 서구식 세계 지도 때문에 미지의 세계를 표현해야 할 사회적 필요성이 생겼지만 그 어떤 유학 서적도 그런 요구를 충족시켜 줄 수 없었기 때문이다. 조선 후기 지식인들은 자신들이 알고 있는 어법으로 서구식 세계 지도를 표현할 수 있는 새로운 형식을 고민했다. 「천하도」는 바로 그러한 고민의 산물이었다.

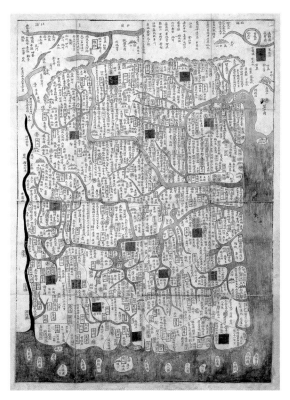

▲「천하고금대총편람도(天下古今大總便覽圖)」
목판본과 채색 사본이 있다. 작자와 연대가 분명히 밝혀져
있는 점에서 중요하다. 이 지도의 목적은
정확한 지역·하계(河界)·경계를 표시하는 것이 아니고
지지나 역사적 사실을 지도를 통해서 쉽게 볼 수 있도록 한 것이다.
채색 사본. 김수홍. 1666년(현종 7년). 110×77.5cm. 이찬 소장.

반격송 : 고대인의
수목 신앙과
관련된 상징물로,
이 지도에서는
'해와 달이 지는 곳'으로
묘사되어 있다.

외오악(外五岳) : 광승산·광야산·질리산
·여동산·곤륜산으로, 그 중 곤륜산이
하늘과 땅의 중심을 차지한다고 생각했다.

부상 : 『산해경』에 나오는
동해상의 신목(神木)으로
이곳에서 해와 달이
떠오른다고 믿었다.

▲「천하도(天下圖)」 : 중앙 대륙에 70여 개, 내해에 40여 개, 외대륙에 20여 개의
나라 이름이 있다. 조선·중국·일본·유구(오키나와) 등 극소수를 제외하고는
모두 상상속의 나라 이름들이다. 판본에 따라서는 중앙 대륙의 나라가 10여 개에 불과한 경우,
또 실제하는 나라들로 섬라국(타이)·안남국(베트남) 등이 더 표시된 경우도 있다.
중앙(곤륜산)은 중앙 대륙의 다섯 산(내오악)의 중심이자, 외오악의 중심이기도 하다.
목판본. 17세기 말. 29×33cm. 윤형두 소장.

▶ **최한기의 「지구전후도(地球前後圖)」**
1834년(순조 34년) 최한기가 중국인 장정부의 양반구형 세계 지도를 목판으로 다시 찍은 것. 중국인 장정부는 청나라가 전성기를 구가하던 1800년, 서양의 지구설을 토대로 「지구전후도」를 펴낸 바 있었다. 그러나 당시 보수로 회귀하던 청나라의 사회 분위기로 인해 그의 지도는 주목받지 못했었다. 장정부의 이 지도는 곧바로 조선에 들어갔는데, 최한기가 김정호로 하여금 나무판에 새기게 한 것이 바로 이 지도였다. 한편 이규경은 최한기의 지도에서 제외된 원본의 설명 부분을 자신의 문집에 별도로 수록했다. 19세기 전반의 조선 실학자들은 중국 사회에서 인정받지 못하던 장정부의 지구설 및 세계 지도를 적극적으로 받아들이고 이해해 나갔다.

• 10도 간격으로 경도와 위도를 표시했고, 적도를 중심으로 남북극선과 남북회귀선이 표시되어 있다.
• 적도와 사선으로 교차하며 남북회귀선을 가로지르는 황도 위에는 24절기가 새겨져 있으며
• 각 반구의 테두리에는 지대별 주야 시간의 차이가 눈금과 수치로 표시되어 있다.

목판본. 최한기. 1834년(순조 34년). 42×88cm. 성신여자대학교 박물관 소장.

❶ 북극선　❷ 북회귀선　❸ 적도
❹ 황도　　❺ 24절기　❻ 남회귀선
❼ 남극선

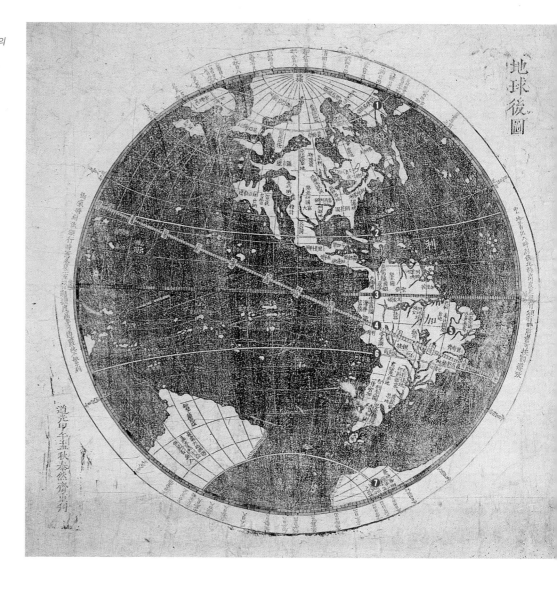

◉ 있 는 그 대 로 의 세 계 — 양 반 구 도 ◉

위와 같은 지도를 가리켜 '양반구도(兩半球圖)'라고 부른다. 둥근 지구를 보여 주기 위해서 남북아메리카가 있는 서반구와 유라시아·아프리카의 동반구를 따로 그린 세계 지도이다. 이렇게 두 개의 반구를 따로 그리면 중국이 도면의 중심에 올 수가 없고, 따라서 마테오 리치가 했던 것처럼 중화적 세계관과 타협할 수 없게 된다. 이러한 양반구도가 널리 퍼져 나가기 시작한 것은 19세기 조선 사회에서 주목할 만한 현상 가운데 하나였다. 민간에서는 여전히 「천하도」가 유행하고 있었지만, 한편에서는 양반구도를 보급하려는 적극적인 노력도 있었다. 그 가운데 하나인 「지구전후도」(위)는 「여지전도」의 모태가 되었던 양반구도를 조선 후기 실학자 최한기가 목판으로 다시 만든 것이다. 이때 목판에 지도를 새기는 일을 맡았던 사람이 「대동여지도」의 작자로 우리 나라 지도의 역사에 찬란한 이름을 남긴 김정호. 그는 최한기의 오랜 친구였다. 최한기는 또 지구에 관한 지식을 탐구한 자신의 저서 『지구전요(地球典要)』에 「지구전후도」와 같은 종류의 지도를 삽입함으로써 양반구로 구성된 세계 지도를 조선 사회에 널리 알리는 데 기여했다. 그렇다면 19세기 조선의 지식인들이 중화적 세계관과 충돌하는 양반구도를 적극적으로 받아들일 수 있게 된 까닭은 무엇일까?

▶ **난징 조약과 아편 도구** : 아편전쟁은 중국이 아편 밀매를 금지하자 그 아편을 팔아 이익을 챙기던 영국이 중국에 대해 일으킨 부도덕한 전쟁이었다. 오른쪽은 아편을 흡입하는 도구이고, 그림은 아편전쟁에 패배한 중국이 영국과 굴욕적인 난징 조약을 맺는 장면이다.

地球前圖

▼ **지구의**

최한기가 만든 것으로 전해지는 지구의.
10도 간격의 경·위도, 북회귀선과
남회귀선, 황도가 표시되어 있다.
느티나무를 파서 만든 사발 모양의
받침대 위에 눈금을 새긴 청동제 고리를
두르고 그 위에 지구의를 걸쳐 놓아
돌려 가며 지도를 볼 수 있게 만든 것이다.
19세기 중후반. 보물 883호.
27.7×26.8×26.8cm.
숭실대학교박물관 소장.

앞에서도 말한 것처럼 그들이 어느 날 갑자기 서구적 세계 지도의 정확성을 깨닫고 우물 안 개구리에서 벗어난 것은 아니었다. 그렇게 되기까지는 지금까지 살펴보았듯이 무려 200년이 넘는 오랜 세월 동안 서구식 세계 지도를 재해석하고 내면화하려는 시도가 있었다. 그런 노력의 결과 서구식 세계 지도에 실제로 존재하는 세계를 '내게 의미 있는 세계'로 받아들일 수 있게 된 것이다.

그러나 오랫동안 조선의 지식인들은 양반구도에 등장하는 서구 세계가 정말로 자신들에게 어떤 '의미'가 있는지 모르고 있었다. 영국이 중국을 패배시킨 1840~1842년의 아편전쟁(74쪽 사진 참조)이 조선뿐 아니라 동양 사회 전체에 큰 충격을 안기기 전까지는.

서양은 이제 양반구도에서나 볼 수 있는 먼 나라만은 아니었다. 갑자기 맞닥뜨리게 된 서양은 군함이었고 총포였으며, 조선의 운명을 좌우하게 될지도 모를 가공할 물리력이었다. 그때까지 조선 사람들은 새로운 세계를 인식하는 데 필요한 단계를 스스로 밟아 왔지만, 1840년 이후 벌어진 사태는 조선에게 너무나 급박한 것이었다. 예를 들어 동해를 '일본해'라고 표기한 대한제국기 세계 지도(아래)를 보자. 조선 사람이 일부러 그랬을 리는 없고 일본을 통해 서구 문명을 받아들이다 보니 일본에서 쓰는 것을 무의식적으로 받아들였을 것이다. 이것은 새로운 세계를 객관적으로 파악하기도 전에 제국주의적·침략적 지리관에 휘말려 그에 대응하는 준비를 할 여유도 없던 20세기 초 조선의 모습을 잘 보여 준다.

▶ *대한제국기 세계 지도* : 오늘날의 세계 지도와 거의
다름없이 정교한 지도를 싣고 있지만, 일본 압력에 따라 계재한
서구적 세계 지도인 듯 일본해(日本海)라는 표기를 여과 없이
쓰고 있다. 1910년(융희4년) 3월 28일 경성에서 발행한
『최신만국지도』속에 수록됨. 최웅규 소장.

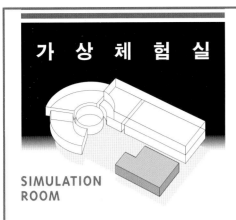

우리는 흔히 전통과 근대를 대비시킨다. 전통 회화와 근대 회화, 전통 음악과 근대 음악, 전통 가옥과 근대 건축 등등…… 그러나 '사진' 하면 거기에는 근대 사진과 대비되는 전통 사진이라는 말이 있을 수 없다. 사진 자체가 근대의 산물이기 때문이다. 그런데 우리 사진도 어느덧 100년이 넘는 '전통'을 쌓아 왔다. 또 사진만큼 우리 근대의 모습을 잘 보여 주고 있는 것도 별로 없다. 근대의 증인인 초기 사진사들의 이야기 속으로 들어가 보자.

조선 최초의 사진사들

'사진(寫眞)'이라는 말은 photography를 옮긴 번역어이다. 그러나 '사진'은 우리 조상이 오랜 옛날부터 써 오던 말이기도 하다. 멀리 고려 시대 문인인 이규보가 달마 대사의 초상을 '사진'이라고 불렀고, 『태종실록』에는 조선 태조의 왕비인 신의왕후 초상화를 사진이라고 부른 기록이 있다. 이러한 우리 전통 속의 '사진'과 근대 문명의 이기(利器)인 '사진'은 물론 다르지만, 그 정신은 많은 공통점을 갖고 있었다.

❷ 18세기 실학자 이기양이 '칠실파려안'이라는 기계 앞에서 포즈를 취하고 있는 모습을 정약용·정약전 형제가 지켜보고 있다. '칠실파려안'은 정약용이 카메라의 전신(前身)으로 알려진 '카메라 옵스쿠라'를 옮긴 말이다. 필름만 없을 뿐 카메라의 원리를 그대로 담고 있는 카메라 옵스쿠라는 어둠 상자 모양으로 만들어져 유럽에서 16세기부터 사용되기 시작했는데, 중국 청나라에 다녀온 사신 등 여러 경로를 통해 조선에도 들어왔다.

'칠실파려안'의 '칠실'은 칠흑같이 어두운 방이라는 뜻으로 상자 부분을 가리키는 말이고, '파려안'은 유리로 만든 렌즈라는 뜻이다. 카메라 옵스쿠라 단계에서는 종이판에 비친 영상을 인화하여 보존하는 방법을 알지 못했으므로 그 영상을 보고 그대로 그리는 수밖에 없었다. 따라서 카메라 옵스쿠라 앞에 앉은 사람은 화가가 그림을 다 그릴 때까지 '진흙으로 만든 사람처럼' 꼼짝없이 앉아 있어야만 했다.

카메라 옵스쿠라

사진기의 전신인 카메라 옵스쿠라는 서양에서 르네상스 시대부터 정교한 회화 도구의 하나로 사용되기 시작했다. 카메라 옵스쿠라는 '어두운 방'이라는 뜻으로 '카메라'라는 말의 어원이 되었다.

▶ 카메라 옵스쿠라의 원리 : 어둠 상자에 작은 구멍을 내고 거기에 렌즈를 끼운 다음 사물을 비추면 그 사물의 상이 렌즈를 통과해 상자 속 종이판에 거꾸로 맺힌다.

▲ 일본에 남아 있는 카메라 옵스쿠라 : 일본에서는 '사진경(寫眞鏡)'이라고 불렀다. 40×26×21.5cm 크기의 직사각형 상자 부분과 렌즈 부분으로 구성되어 있다.

이기양 : 19세기 말 남인 실학자로 정약용과 친분이 두터웠다. 철저한 실험 정신으로 마치 흙으로 빚은 인형처럼 칠실파려안 앞에서 꼼짝도 하지 않았다.

구경꾼들 : 선비들이 신기한 칠실파려안을 설치해 놓고 실물과 똑같은 초상화를 그리는 모습은 이웃 주민의 좋은 구경거리가 되었을 것이다.

1 여기 한 사람의 모습을 재현한 초상화와 사진이 한 장씩 있다. 그 사람을 있는 그대로 보여 준다는 점에서 어느 쪽이 낫다, 어느 쪽이 못하다고 말할 수 있을까? 우리 조상은 초상화를 그릴 때 사람의 내면을 제대로 그리려면 겉모습 또한 터럭 한 올까지 똑같이 그려야 한다고 생각했다. 그러한 생각을 담고 있는 말이 바로 '사진'이었다. 19세기 말에 서구에서 들어온 카메라가 빚어 낸 형상을 보고 우리 조상은 이것이야말로 '사진' 정신을 잘 나타낼 수 있는 도구라고 생각했다. 어떤 의미에서 보면 '사진'이란 말은 photography보다도 카메라의 정신을 더 잘 표현하는 말인 셈이다. 그렇게 사진은 우리에게 낯설지 않은 모습으로 다가왔다.

◀ **초상화** : 1911년 채용신이 그린 황현의 초상화. 비단에 채색. 95×66cm. 이 초상화를 그린 해가 황현이 죽은 뒤이고 그 모습이 오른쪽 사진과 똑같은 점으로 보아 초상화를 그릴 때 이 사진을 참조한 것으로 보인다.

▶ **초상 사진** : 1910년 천연당 사진관에서 이 사진관의 주인이었던 김규진이 촬영한 황현(1855~1910)의 사진. 조선 말기의 우국지사로, 사진을 촬영한 그 해 국권을 상실하자 절명시 4편을 남긴 다음 독주를 마시고 자살했다. 젤라틴 은판에 인화. 전라남도 구례 매천사 소장.

화공이 종이판에 비친 이기양의 모습을 붓으로 그리고 있다.

칠실파려안 : '파려안'이란 '유리로 만든 렌즈'라는 뜻이다. 안경알 같은 것을 상자에 끼워 상이 맺히게 했다.

▲ **칠실파려안 실험의 기록**
"복암(茯庵 : 이기양)이 일찍이 선중씨(정약전)의 집에 칠실파려안을 설치하고 거기에 비친 거꾸로 된 그림자를 취하여 화상을 소묘하게 했다. 공은 뜰에 놓은 의자에 해를 마주하고 앉았다. 털끝 하나만 움직여도 초상을 그릴 길이 없는데, 공은 흙으로 만든 사람처럼 굳은 채 오래도록 조금도 움직이지 않았다. 이 또한 다른 사람은 능히 하기 어려운 일이다." (『여유당전서』)

정약용 : 조선 시대 실학을 집대성한 천재 학자. 이기양의 칠실파려안 실험을 기록으로 남겼다.

정약전 : 정약용의 형. 자기 집 뜰에 칠실파려안을 설치해 놓고 이기양을 모델로 삼아 실험했다.

김용원과 지운영이 '촬영국'을
개설했다는 기사가 실린 『한성순보』.
조선 사람이 사진관을 개설한 사실을
알리는 최초의 기록이다. 김용원과
지운영은 모두 유명한 '전통'
서화가였다.

간판 : 초기의 사진관은
'촬영국'이라는
이름으로 불렸다.

❸ 1884년(고종 21년) 3월 18일자 『한성순보』에 따르면 조선 사람이 조선에 최초의 사진
관을 개설한 것은 1883년 여름이었다. 또 이 보도에는 누락되어 있지만 황철이란 사람도
1883년경에 자신의 촬영국을 열었다고 한다. 이들 조선 최초의 사진관 주인들은 공통점이
한 가지 있다. 일본이나 중국에 건너가서 본격적인 사진술을 배우고 왔으며, 하나같이 조선

❹ 최초의 사진관이 자리잡은 한강 북쪽은 신문물에 대한 저항이 심한 곳이었다. 그래서
사진관을 드나드는 인사들은 남의 이목을 겁내고, 밤이면 돌이 날아드는 등 주민 텃세가 심
했다고 한다. 그리고 사람들 사이에서는 사진과 관련된 미신적인 이야기들이 많이 돌았다.
"사진이 사람 모습을 잘 표현하는 것은 어린아이의 살과 뼈를 감광 재료로 쓰기 때문이다",
"사진에 몸이 절반만 찍히면 몸이 반 토막 나서 죽는다" 등등 온갖 근거 없는 소문이 외국 문
물에 대한 막연한 두려움과 어우러져 사람들을 괴롭혔다.
그러던 중 1884년 12월에 일어난 갑신정변은 조선 사진사에 큰 시련을 안겼다. 갑신정변에
서 일본의 지원을 받은 개화파의 거사가 3일 만에 실패하고 이를 주도한 사람들이 쫓겨나자

❺ 그러나 정교한 기록화와 초상화의 전통을 가지고 있던 조선에서 사진이 정착하는
것은 시간 문제였다. 이러한 사진의 성작 과성에서 뜻밖에 긍정적인 역할을 한 것이
1895년(고종 32년)의 단발령이었다. 성인 남자는 모두 상투 머리를 깎으라는 단
발령은 조선 사회에 큰 충격을 던졌다. 조선 사람들에게는 부모로부터 물려받은 머리를

깎느니 목을 베이는 게 낫다는 정서가 일반적이었다. 언제 상투를 잘라야 할
지 모르는 상황에서 사람들은 초상화의 필요성을 이전보다 더 절실하게 느꼈
다. 현재 자신의 모습을 보존해 두기 위해 초상 사진에 대한 관심도 높아졌다.
종래 초상화를 소유할 수 있는 계층은 고위급 사대부에 국한되어 있었으나 초상

미술사에서 빼놓을 수 없는 훌륭한 화가라는 점이다. 그들이 외국에서 들어온 사진에 매력을 느끼게 된 것도, 카메라야말로 우리 나라의 전통적인 '사진' 정신을 훌륭하게 나타낼 수 있는 도구라고 생각했기 때문이다. 특히 황철은 인물 사진 외에도

광화문이나 경복궁 등 건물과 풍경을 기록하는 데도 관심을 가지고 있었다. 그는 바로 이 때문에 나라의 중요한 정보를 외국에 넘기는 첩자라는 오해를 받아 의금부에 투옥되기도 했다고 한다. 당시 황철은 사진이 기록의 도구로 안성맞춤이므로 도화서(그림에 관한 일을 맡아 보던 관청)를 혁파하고 사진을 적극적으로 활용하자는 생각을 가지고 있었다고 전해진다.

사람들 사이에 개화파와 일본에 대한 극심한 분노가 일어났다. 그래서 우정국을 비롯한 개화의 상징물들이 파괴되었는데, 사진관도 개화의 산물로 여겨져 애꿎은 피해를 당했다. 이 때 일본인의 사진관은 물론 앞에 말한 세 사람의 사진관도 분노한 군중과 청나라 군인들에 의해 적지 않은 피해를 입었다고 한다.

사진은 제작 시간도 짧고 많은 사람이 찍을 수 있어서 돈만 있으면 누구나 가질 수 있었다. 따라서 일반 서민은 힘들었지만 중인 계층에서 성장한 신흥 부르주아들은 신분 상승의 징표로 사진을 찍는 경우가 많았다. 1907년(융희 1년)경 서울에서 개업한 김규진의 천연당 사진관은 설 명절 기간에만 1천여 명의 고객이 몰릴 정도로 성업했다. 소공동에 자리잡은 천연

당 사진관이 북적거리는 모습은 때마침 장안 시내에 처음으로 등장한 석유 가로등과 조화를 이루며, 조용하기만 하던 조선 왕조 500년의 고도를 새롭게 눈뜨게 하려는 움직임처럼 보였다. 그 후 우리 나라 사진의 역사는 별다른 역풍을 맞지 않으면서 전통적인 '사진' 정신에 힘입어 순조롭게 성장해 나갔다.

◀ 초기 필름(유리 건판) : 당시에는 필름(유리 원판) 크기와 사진의 크기가 같았으므로 카메라가 커야 했다.

렌즈

▶ 렌즈와 셔터 : 당시의 셔터는 렌즈에 내장되지 않고 그 앞에 부착되었으며, 하나 둘 셋을 셀 만큼 속도가 느렸다.

셔터

천장의 창 : 아직 통유리가 없던 때였으므로 유리를 여러 장 이어붙여 채광용 창을 만들고, 장막으로 빛을 조절했다.

배경 그림 : 인물 사진의 효과를 높이기 위해 광화문이나 경복궁 등 거리 풍경을 그린 커다란 그림을 배경으로 쓰는 경우가 많았다. 중인의 경우에는 책들을 꽂아 놓은 화려한 책장을 그린 '책거리'를 배경으로 쓰기도 했다. 책거리는 그림이 멋있기도 하지만 지적인 느낌을 주기 때문에 신흥 세력이던 중인이 좋아할 만한 배경이었다. 그 밖에 오늘날 증명 사진을 찍을 때처럼 흰색이나 회색의 단순한 무지 배경을 쓰는 경우도 있었다.

6 김규진은 천연당 사진관을 세우고 신문에 광고까지 내면서 일반인을 상대로 영업을 시작했다. 유명 화가였던 김규진은 사진관 1층에 '고금서화관'이라는 화실을 두어 고객들이 사진 촬영과 더불어 명화(名畵)를 즐기도록 했다. 이곳은 조선 사람이 세운 유일한 사진관이었고, 그 주인이 당대의 유명한 서화가였다는 이유로 이곳을 찾아 사진을 찍으려는 고객이 많아져서 매우 번창했다. 천연당 사진관을 찾는 사람들은 서울의 고관들이거나 갑부들이었다. 사진을 촬영하려는 고객이 정월 명절 기간에 무려 1천여 명에 이르렀던 것은, 명절이란 까닭도 있었겠지만 사진이 이 무렵에는 일반인에게도 상당히 보급되어 있었기 때문이라고 생각할 수 있다.

사진사와 조수 : 사진사는 한복을 단정하게 입고 두루마기도 걸쳤다. 사진 찍는 작업이 오래 걸렸으므로 조수가 촬영 과정을 지키며 도움을 주었다.

● 초기 사진관의 일반적인 구조는 다음과 같다. 1층에는 수정·인화 작업을 위한 암실 등의 작업실과 살림집이 있고, 2층에는 축음기 등을 비치하고 손님을 맞는 응접실과 촬영장이 있다. 당시에는 인공 조명이 아닌 햇빛에 의존했기 때문에 2층 지붕을 벗겨내고 유리로 덮은 천창을 만들었다. 천장을 뚫는 위치는 해가 직접 들이비치지 않는 북쪽이 좋았다. 그리고 사진 모델은 남쪽을 향해 자세를 잡았다.

카메라 : 오늘날 기념 사진을 찍을 때 사용하는 카메라와 크게 다르지 않았다.

7 사진을 인화할 때는 원판 크기가 사진 크기와 같은 '밀착 인화'를 했다. 건판과 인화지를 인화틀에 넣고 "하나, 둘, 셋, 넷, 다섯 …… 아홉, 열!" 하고 세면서 햇빛에 노출시킨 뒤 암실에서 약물에 넣어 인화했다. 열 장이면 열 장 똑같이 덮은 막을 열고 노출시킨 뒤 암실 작업을 반복했다. 그러니까 열 장이면 암실을 열 번 들락거렸던 것이다.

천연당 사진관은 운영이 어렵지 않던 시기에는 다양한 감광 재료를 사용하여 '취소은색사진(臭素銀色寫眞)'이라든가 '백금오색사진(白金五色寫眞)'처럼 아름다운 색조와 섬세한 명암을 자랑하는 사진들을 만들기도 했다. 그리고 이런 사진들은 '만세불변색(萬世不變色)'을 자랑한다고 선전하기도 했다. 서화가답게 사진의 예술성에도 신경을 썼던 것이다.

현상 : 초기에는 감광도(빛에 대한 반응 성노)가 낮아서 노출에 크게 신경쓰지 않고 유리 건판이나 인화지에 나타난 상의 상태를 보면서 작업을 했다.

수정 : 초기 사진에서는 매우 중요한 작업. 주름도 없애고 점도 없애는, 한마디로 미를 창조하는 작업이었다.

인화 : 틀에 유리 건판과 사진을 함께 넣고 햇빛에 노출시켜 잠상(눈에는 보이지 않는 상)을 만든 뒤 약물에 넣으면 상이 살아났다.

살아 있는 사진의 역사

1930년대 간도 용정 시내 '5층댓거리(大街)'에는 용정사진관과 사진학원이 있었다. 이교민 옹은 이곳에서 서울 YMCA 사진과 졸업생으로부터 촬영·현상·인화·수정 등 사진 실기를 주로 배웠다. 단층으로 전기도 없고 천창 시설(왼쪽 그림)도 없이 벽면에 창 하나를 만들어 거기서 비치는 햇빛으로 사진을 촬영하던 간단한 구조의 사진관이었다.

이곳을 졸업한 이 옹은 서울로 올라가 충무로 4가 쇼와(昭和) 사진관에서 도제 생활을 시작했다. 주인집의 갓 난 남자애를 업고 열두 살짜리 주인 딸을 돌보면서 사진관 청소도 했고, 촬영할 때는 옆에서 시중도 들고 건판이나 사진을 씻고 말리고 자르는 일도 했다. 사진술을 배웠다기보다는 종 노릇을 했다는 것이 더 정확한 표현일 것이다. 쇼와 사진관은 용정 사진관과 달리 이층 건물이었지만 천창은 없었고, 그 대신 벽을 높인 다음 유리를 붙인 창을 만들어 이 광선으로 사진을 촬영했다.

1934년 12월 추운 겨울에 그는 함경북도 청진으로 올라가 후루오라는 일본인 사진관에 다시 도제로 들어갔다. 그곳은 천장과 벽에 낸 창의 광선을 이용하는 수준 높은 복사창식 구조를 가진 사진관이었다. 당시 그가 했던 말. "사진학도도 나왔고 수정도 조금 합니다. 월급도 필요 없고 밥만 먹여주시면 열심히 일하겠습니다. 사진을 말리고 자르는 잡일은 제가 다 맡아 할 테니까 써 주십시오."

북쪽 지방의 추운 겨울이었지만 그는 사진을 수돗물 속에서 몇 시간씩 손이 얼어터질 정도로 씻고 또 씻어야 했다. 당시는 사진이 변하지 않도록 하기 위해 사진에 남아 있는 약물을 물에 씻어내는 수세(水洗)를 무척 중요하게 여겼기 때문이다.

이처럼 사진관에 도제로 들어가서도 처음 몇 년 동안 마루 청소나 수세로 시간을 보냈는데, 이것은 사진을 생업으로 삼으려는 사람들이면 대개 거치는 과정이었다. 그런 다음에야 비로소 출사(出寫 : 출장 촬영) 나갈 때 조수로 따라 나설 수 있었다.

이런 고생을 한 끝에 사진을 익힌 이 옹은 간도와 하얼빈 등 중국 지방에서 기사로 일하다가 중소 국경 지대에서 기무라(木村)사진관을 개업하게 된다. 그리고 해방이 되자 귀국하여 수도 사진관에서 기사로 일했고, 한국전쟁이 일어나던 1950년에 서울 동대문(지금은 종로구)에 창신사진관을 개설하게 되었다.

용정 사진학원 시절 이래 70여 년을 한결같이 사진과 함께 해 온 그의 일생은 그대로 살아 있는 한국 사진의 역사인 셈이다.

목 받침대 : 초기에는 온갖 나쁜 소문 때문에 대부분 전신상을 찍었다. 이를 위해서는 장시간 서 있어야 하는 경우도 많아서, 사진에는 찍히지 않도록 등 뒤에 이 장치를 두고 몸을 의지했다.

사진 모델 : 초기에는 사진 촬영 시간이 제법 많이 걸렸으므로, 지루함을 달래 주기 위해 음악을 틀어 주고, 꽃병에 꽃을 꽂아 두어 마음을 평온하게 가질 수 있도록 배려했다.

나무 마루 : 바닥에는 나무 마루나 고급 화문석을 깔았다.

❽ 그러나 사진관이 늘어나고 아무런 특색도 없는 기사들의 손에 의해 판에 박은 듯한 사진들이 만들어지면서 천연당 사진관도 기울어 갔다. 사진의 재현 기술은 자신 있었지만 사람들이 다른 사진관을 찾거나 비싼 사진 값 때문에 외상이 쌓이면서 사진관 운영이 어려워졌던 것이다.

다시는 찾을 수 없는 나 : 단발을 하고 깨끗한 양복을 차려입은 이 사람은 얼마 전 사진관에서 전통 한복을 근사하게 차려입고 사진을 찍었던 그 주인공이다. 그가 받아든 사진 속의 인물은 분명 그 자신이건만 그는 다시는 그 인물로 돌아가지 못할 것이다.

▲ 천연당 사진관이 1908년(융희 2년) 9월 15일자로 발부한 영수증 : 초기 사진관의 사진 촬영은 무척 비싸서 사진 한 장에 쌀 한 섬 값이 들었다고 한다.

이교민(李敎民) 옹
1912년 7월 1일 생.
1930년부터 사진을 배우기 시작한 뒤 70년을 한결같이 사진에 종사했다.
그가 반세기를 함께 한 서울 종로구 창신사진관 앞에서.

특강 정 선 태

연구공간 수유＋너머 수석대표.
서울대학교 국어국문학과 및 동 대학원을 졸업했다.
저서로 『개화기 신문 논설의 서사 수용 양상』,
『심연을 탐사하는 고래의 눈 : 한국 근대 문학의 형성
과정과 그 외부』, 역서로는 『동양적 근대의 창출』,
『일본 문학의 근대와 반근대』 등이 있다.

지금 우리가 사용하는 말, 예컨대 '개인'·'사회'·'인권'·'자유' 등은 물론 '철학'·'문학' 그리고 '연애' 등의 개념어 대부분이 번역된 것, 그것도 일본에서 번역된 것이라는 사실을 아는 이는 많지 않다. 메이지 유신 전후 일본 지식인들은 중국의 한자를 재구성하거나 응용하여 서양 언어를 번역했고, 우리는 그것을 수입했던 것이다. 일본의 번역 텍스트를 매개로 한 '번역된 근대' -이것은 우리 근대가 태생적으로 안고 있는 숙명일 것이다.

번역어로 본 개화기 조선

'조용한 아침의 나라'를 급습한 개화의 격랑! '야만의 땅'에 살고 있던 조선인은 더 이상 기존의 삶을 지켜 갈 수가 없었다. 전통의 시·공간을 살해하며 등장한 '문명의 칼날'이 조선인의 신체와 의식을 길들이기 위해 감시의 눈길을 늦추지 않았기 때문이다. 선택의 여지는 어디에도 없어 보였다. 무엇보다 근대 문명이란 게 무엇인지, 서양 문명의 힘이 어디에서 나오는지 알아야만 했다. 전혀 다른 언어를 사용하는 이질적인 세계와 만나기 위해서는 번역이 필수적이었다. 서양 문명이 낳은 '낯선 언어'를 만나기 위한 고난에 찬 과정, 개화기는 '번역의 시대'라 할 수 있을 터이다.

문 명 개 화 = civilization

이 시기의 최대 화두는 'civilization'의 번역어인 '문명 개화'. 근대 계몽기에 생산된 수많은 텍스트에는 문명 개화＝서구화＝근대화라는 등식이 선명하게 드러나 있다.

당시 '문명 개화'를 거스를 수 없는 시대의 대세로 파악하던 시각은 곳곳에서 만날 수 있다. 1898년 『독립신문』의 한 논설은 문명을 일정한 시절에 일정한 방향으로 부는 '지구상의 항신풍(恒信風)'이나 적도 아래에서 일어나 일정한 방향으로 흐르는 '해양의 조류(潮流)' 같은 것으로 파악하고 있다. 그리고 낡은 배를 타고 이러한 흐름에 역행하다 보면 끝내 난파하고 말 것이라는 경고를 던진다(「문명은 세계 바람과 조수」). 「해에게서 소년에게」라는 최남선의 시에서 파도를 향해 어서 오라고 외치는 소년의 모습은 이 시기 지식인의 열망을 대표한다고 할 수 있을 것이다.

문명 개화는, 『서유견문』의 저자 유길준의 말을 빌리면, "지극히 아름답고 선한 상태"에 이르는 것을 뜻했다. 미국과 유럽이 문명 개화의 이상형이었고, 일본이 현실적인 모범이었다. 종교·학문·교육 등에서 매너·음식에 이르기까지 '문명국'을 따르지 않으면 '야만'을 벗어나지 못하리라는 공포감이 그들을 다급하게 했다.

그러나 시대의 변화를 읽고 변신을 실천에 옮기기란 쉬운 일이 아니었다. 시대적 소명을 저버리고 칩거하는 '산림(山林)'들이 적지 않았고, 시류에 편승하여 원숭이처럼 문명인 흉내나 내는 '얼개화꾼'들이 판을 치고 있었다. 게다가 국가 시스템마저 총체적 부패 속에서 제대로 작동하지 않았다. 문명 개화의 꿈은 물거품처럼 사라질 위기에 직면했고, 마침내 일본이 그 꿈을 가로채 버렸다. 도둑맞은 문명 개화의 꿈! 우리 근대의 험난한 길은 여기서 이미 예고되고 있었다.

독립 = independence

최초의 근대적 신문이라 일컬어지는『독립신문』은 창간 당시부터 외국인에게 조선의 실상을 전달하기 위해 'The Independent'라는 제목의 영문판을 함께 발행했다. '독립'이 'independent'의 번역어라는 것은 어렵지 않게 알 수 있거니와, 최초의 근대적 신문이 '독립'을 내세웠다는 점은 우리 근대의 특수성을 말할 때 반드시 고려해야 할 사항이다. 우리 근대가 국가 존립 여부를 둘러싼 절체절명의 위기 상황에서 출발해야 했다는 것을 이 말만큼 잘 보여 주는 예가 드물기 때문이다. 모든 것이 국가의 독립으로 수렴되고, 그 밖의 요청은 폐기되거나 유보되어야 했다. '독립 국가 만들기 프로젝트'를 방해하는 것들— 전근대적 시간 관념에서 개개인의 행동거지 하나하나에 이르기까지—은 개화파 지식인의 비난을 피할 수 없었다. 그리고 개인적 권리의 요청이나 의회 설립 운동 등도 독립국 국민의 정신을 무장하는 데 걸림돌이 된다는 이유로 훗날을 기약해야 했다.

이렇듯 '독립'은 '문명 개화'와 더불어 당대의 화두 중 하나였다. 사실 문명 개화도 서양을 중심으로 한 새로운 세계 질서 속에서 국가의 독립을 지키기 위한 현실적 선택이었다. 진짜 문제는 국가의 독립이었던 것이다. 1897년 10월, 고종이 원구단에서 황제 즉위식을 거행하고 우리가 청국에 종속되지 않은 "당당한 황제국"이자 "독립국"임을 만천하에 알린 것도 독립이 얼마나 시급한 과제였는지를 명확하게 알려 준다. 신문과 잡지 그리고 교과서 등 이 시기의 매체들은 국가의 독립을 지키기 위한 슬로건으로 '충군애국(忠君愛國)'과 '부국강병'을 내세우면서 백성에게 국민 정신을 주입하기 위해 혼신의 노력을 기울였다.『독립신문』은 독립문을 세우고 독립관 건립을 구상하는가 하면, 국기를 선양하는 글들과 수많은 '애국의 노래'로 지면을 채웠다.

하지만 조선을 노리는 것은 청국만이 아니었다. 서구 열강과 일본이 호시탐탐 기회를 엿보고 있었다. 급기야 개혁 의지의 실종으로 인한 내부의 부패와 조선을 먹어치우려는 외부의 위협이 '당당한 황제국'의 독립을 물거품으로 만들어 버렸다. 그 후 '독립'이라는 말은 오랜 세월 동안 나라의 해방이 '도둑처럼' 찾아올 때까지 지하와 망명지를 떠돌아야만 했다. 청나라로부터 독립할 것을 주장한『독립신문』의 수많은 논설, 일본 제국주의로부터 독립할 것을 외친 각종 독립선언서, 남북 통일을 이루어야 진정한 독립을 이룰 수 있을 것이라 천명한 김구의 글…….. '독립'은 간절한 바람으로 근대 한국인의 집단 (무)의식 속에 아로새겨져 있었다. 분단 상황과 강대국의 입김 등을 생각하면 아직까지도 '독립'은 성취되지 않았다고 할 수 있다. '독립'은 간절하지만 아득한 소망의 표현이었으며, 21세기 들어서도 아직 그 온전한 의미를 획득했다고 말하기 어렵다.

『독립신문』 영문판 _1896년(건양 1년) 4월 7일
서재필이 조선 정부의 지원을 받아 창간한 신문.
처음에는 22×33cm의 국배판으로 3면은 한글판,
1면은 영문판이었다. 이듬해부터 한글판과 영문판을
분리했다. 개화기 민중 계몽에 큰 역할을 한
기념비적 신문이다.

특강 고석규

1995년부터 목포대학교 역사문화학부 교수로
재직하면서 목포를 중심으로 우리 나라 근대사의
여러 가지 문제를 연구해 왔다. 주요 저서로
『역사 속의 역사 읽기』(공저, 풀빛), 『역사·공간·문화
함께 보기 - 근대 도시 목포』(서울대학교 출판부)
등이 있으며, 목포대학교 인문과학연구원장도
겸임하고 있다.

제국주의는 식민지의 근대적 발전을 억누른다. 그러나 식민지에서도 어김없이 근대화는 진전된다. 이것은 식민지 조선에서도 그대로 일어난 일이다. 억압받으면서도 형성되는 '식민지 근대성'을 어떻게 볼 것인가? 일제 침략과 수탈, 민중의 고통, 민족해방운동 등에 관한 기존 연구는 식민지 조선을 이해하는 데 매우 중요하지만 근대성의 전모를 드러내는 데는 뭔가 부족했다. 그 부족한 몇 %를 찾는 『조선생활관』 마지막 특강.

식민지 조선, 어떻게 볼 것인가

"기(汽:증기기관)·전(電:전기)·활(活:활동사진)·우(郵:우편)를 천하의 네 가지 큰 그릇[四大器]이라 하나니 이것들을 이용후생함이 다 국부민강의 대기초라."(『황성신문』 1899년 5월 26일)

　근대의 모습을 그 전과 뚜렷하게 바꿔 놓은 것은 바로 이 '네 가지' 기계 문명의 발달이었다. 사람들은 기계 문명이 만들어 준 편리함과 실용성에 찬사를 보내면서 근대가 가져온 생활의 변화를 실감했다. 과학의 발달이 이루어 낸 '문명 개화'에 대한 열광적인 숭배! 근대의 첫 무대는 이렇게 시작되었다. 다양한 상품을 과시하기 위한 백화점의 쇼윈도, 네온사인의 화려한 불빛으로 채색된 밤거리, 다양한 색깔의 근대라는 물감으로 칠해진 도시의 구석구석에는 새로움에 대한 경탄이 넘쳐났다. 그리고 모던걸, 모던보이가 그 거리를 거닐며 근대를 장식했다.

두 얼 굴 의 근 대

서양 중세에 우주는 신비의 상징이었고 중세인은 신의 존재를 믿었다. 그러나 갈릴레이의 측량술 등이 이끈 근대 과학의 발달은 신을 사라지게 하고 그 자리에 인간을 세웠다. 자연은 수치로 가늠할 수 있게 되었고, 숫자로 표시하기 어려운 감성은 인과 관계의 법칙으로 설명했다. 주술로부터 해방된 세계에서 이제 모든 것은 눈에 보이듯이 분명해졌다. 그래서 사람들은 근대를 간결하고 선명한 기하학적 아름다움에 비유하곤 하며, 이런 근대의 속성을 합리주의라 불러 왔다. 합리주의는 편리함으로 이어진다. 세상 참 살기 좋아졌다는 믿음은 합리주의가 가져온 근대의 절대적 성과였다.

　신의 자리를 인간이 차지했다면, 종교의 자리는 자본주의 경제가 차지했다. 모든 것을 물질적 가치로 따지는 자본주의의 물신성은 근대의 으뜸 속성 중 하나. 신파극 「이수일과 심순애」에서 사랑과 돈 가운데 결국 돈을 택하도록 심순애를 이끈 것이 바로 물신성이었다. 물신성은 상품을 통해 드러나며, 이것은 인간성의 타락으로 이어져 식민지의 회색빛 어둠을 더욱 어둡게 만들었다.

　자본주의의 화려함은 도덕을 뒷전으로 밀어냈다. 쾌락이 아무 부담 없이 전면에 나섰다. 사람들은 겉으로 쾌락을 부정했지만 어느덧 편하게 느끼게 되면서 많은 윤리적 문제를 일으켰다. 또 환경 파괴라는 결과를 예상하지 못한 채 개발에 매달렸다. "더 많이", "더 빨리", "더 효과적으로" 등을 내세운 '발전과 성장'의 근대는 엄청난 속도로 파국을 향하고 있었다. 20세기 성장의 역사는 근대의 두 얼굴 중 밝은 얼굴만 보고 싶어했지만, 그렇다고 어두운 얼굴을 끝내 가릴 수는 없었다.

근대는 우리에게 어떻게 왔는가? - 제국주의와 민족주의

20세기 초 세계 자본주의 체제 아래 세계 질서가 다시 짜여지던 시기에 세계 여러 나라는 처한 입장에 따라 서로 다른 근대성을 경험했다. 이때 우리는 불행히도 식민지가 되어 '식민지 근대성'을 경험해야 했다. 그것은 제국주의가 겪은 근대와는 다를 수밖에 없었다. 역사를 되돌릴 수 없는 지금, 중요한 것은 우리 근대의 경험을 우리 입장에서 파악해 내는 일이다.

우리에게 다가온 근대는 '서구화'로만 담아낼 수 없는 복잡한 존재였다. 후진 자본주의 국가인 일본이 저지른 제국주의 침략 때문이다. 따라서 우리에게는 '근대화＝서구화' 뿐 아니라 제국주의 침략에 맞서 민족의 독립을 지키는 일이 무엇보다 앞선 시대적 과제가 되었다. 이 과제를 떠맡을 주체가 바로 민족이었다. 따라서 민족의 형성이야말로 우리가 맞은 근대의 첫 번째 과제가 되었다. 이처럼 우리에게 근대는 제국주의와 함께 왔고, 그 맞은편에서 민족주의가 자랐다.

이러한 식민지의 경험, 즉 우리가 겪은 근대의 경험은 민족과 민족주의를 20세기 내내 무엇보다 중요한 역사의 화두로 만들었다. 국가나 민중이나, 진보나 보수나, 남이나 북이나 서로 대립하는 양측 모두에게 민족은 똑같이 신성한 존재였다. 스펙트럼은 다양했지만, 어느 경우든 '민족'을 떼어놓고는 존재할 수 없었다. 민족과 민족주의는 20세기 우리 역사를 받쳐 온 커다란 기둥이 되었다. 민족주의는 민주화는 물론 경제 성장의 밑거름도 되었다. 그런 속에서 민족과 민족주의는 한국의 근대성을 대변하는 절대적 가치가 되었다.

20세기 말 세계화의 물결 속에서 민족의 절대적 지위가 흔들리기 시작했다. 그렇다고 민족이 그 지위를 잃어버린 것은 아니다. 세계화로 경계가 무너지고 국경의 의미가 약해지고 있지만, 그 안에서 경쟁은 더욱 치열해지고 있다. 이때 나와 남을 구분하는 경쟁 주체의 정체성은 무엇으로 규정할까? 우리의 경우 또다시 민족이 될 수밖에 없다. 그래서 세계화 시대에 자본의 논리에 대항할 수 있는 이데올로기는 민족주의밖에 없다는 주장은 여전히 설득력을 지닌다. 그리하여 곳곳에서 "우리 것은 좋은 것이야"라는 화두를 던지며 '우리 것 찾기'에 더욱 몰두하는 현상을 발견할 수 있다.

20세기의 타성에서든, 아니면 민족 그 자체가 여전히 필요해서든, 우리는 민족을 떠나지 못했고 앞으로도 쉽게 떠나지 못할 것이다. 옛날처럼 절대적이지는 않겠지만, 21세기에도 민족은 그 지배적 지위를 잃지 않을 것이다. 그러나 민족주의의 내용은 달라질 것이다. 자연스럽고 자발적으로 형성되는 집단성, 2002년 월드컵 축구의 열기에서 확인할 수 있었던 그런 집단성에 기초한 민족주의야말로 21세기가 새롭게 지향해야 할 민족주의의 모습이 아닐까?

우리의 근대는 투쟁으로부터
안중근 의사가 1909년 일제 침략의 선봉장이었던 이토 히로부미를 암살할 때 사용한 7연발 자동 권총과 그의 동지들이 소지했던 권총과 탄약. 이 무기들은 '근대화＝서구화'에 앞서 제국주의 침략에 맞서 싸워야 했던 우리 근대의 특수성을 잘 보여 준다.

일제의 식민 지배, 수탈인가? 시혜인가?

한국 역사학계는 우리 스스로도 자본주의 근대화를 이룩할 수 있었는데 일제의 침략 만행과 야만적 수탈이 역사의 발전을 가로막고 해방 후에는 경제적 종속과 저개발의 원인이 되었다고 믿어 왔다. 이것이 이른바 '식민지 수탈론'이다. 이런 논의는 민족 자존 의식과 반일주의적 정서에 기초하여 지금도 지배적인 자리를 차지하고 있다.

그러나 이와 달리, 한국의 자생적 자본주의화의 가능성을 부정하고 일제에 의한 식민지 개발의 경험과 성과가 1960~1970년대 경제 발전의 기반이 되었다고 보는 사람들도 있다. 이른바 '식민지 근대화론자'들이다. 자신들의 식민지 지배를 정당화하고 싶어하는 일본인은 일찍부터 이런 주장을 해왔는데, 1990년대 들어 한국의 정치가나 경제인, 심지어는 학자들 중에도 이에 일부 동조하는 경향이 나타나기 시작했다.

그런데 만일 우리가 1950년대의 기아와 빈곤에서 벗어나지 못하고 여전히 후진국 대열에 머물러 있었어도 이러한 '식민지 근대화론'이 나올 수 있었을까? 그렇지 않다. 실제로 1950년대에는 일본에서도 그런 주장이 전혀 없었다. 한국이 왜 못났고 왜 스스로 근대화를 이루지 못하는가에 대한 분석만 있었을 뿐이다. 그렇다면 식민지 근대화의 주장은 언제부터 나왔을까? 그것은 바로 한국 경제가 외형적으로 급속히 성장하던 1970년대부터였다. 그때부터 일본 내의 일부 학자들이 한국 경제의 발전은 바로 일본의 식민지 통치 덕분이라는 이야기를 꺼내기 시작했다. '식민지 근대화론'은 한마디로 한국의 성장이 없었다면 애당초 나오지도 않았을 주장이었던 셈이다.

1930년대 식민지 산업화에서 공업 생산액이 증가했다든가, 회사의 기업 자본이 증가했다든가, 노동자 수가 늘었다든가 하는 외형적 성장은 분명히 있었다. 하지만 그것은 어디까지나 일본의 이익을 추구한 결과였을 뿐이다. 수치상으로는 성장했지만 그 대가로 식민지 조선이 떠안은 부담은 가혹한 것이었다. 식민지 조선의 경제는 '군수공업 일변도'라는 기형적이고 왜곡된 구조, 그리고 일본 자본 없이는 운영될 수 없는 대외의존적 구조, 나아가 총독부 관료와 결탁하지 않고서는 성장할 수 없는 정경유착적 구조로 굳어져 버렸다. 한마디로 경제 구조가 총체적으로 뒤틀린 것이다. 결국 식민지 산업화는 현대 한국 경제를 일으킨 토대가 되기는커녕 한국의 산업 구조를 왜곡시켜 오늘날까지도 종속적이고 타율적인 경제 구조를 벗어나기 어렵게 만든 역사의 굴레였다. 이런 굴레를 뒤집어쓰고도 전후 한국 경제가 근대화되었다면, 먼저 그것을 가능하게 한 한국 사회 내부의 잠재력부터 찾아봐야 하지 않을까? 일제의 굴레가 바로 근대화의 동력이었다고 강변하기 전에.

조선총독부 발행 공업화 정책 선전 엽서_
1930년대 엽서로, "내지(일본)의
경기 전개와 때를 같이하여 조선은 공업이
일어나는 시대를 맞이……그 종류에 있어서
다양 다채로워 원시 공업에서 현대의 화학 공업에
이르기까지 전 조선에 산재한 밝은 장래가
공업 조선에 미소를 던지고 있다'고 적혀 있다.
사진은 함경북도 영안의 석탄액화 공장.

식민지 조선, 폭넓게 보자

식민지에서도 어김없이 관철된 근대성이 일제의 선물일 수 없다는 것은 분명하다. 일제는 우리 민족을 말살시키려 했지만 그것과 싸우면서 오히려 근대 한민족이 형성된 것처럼, 일제는 결코 식민지 조선에 근대를 선물하려는 의도가 없었지만 그러한 일제와 맞물리면서 식민지 조선에서도 근대적 발전은 일어났다. 이러한 우리의 근대화 과정을 제대로 밝히려면 식민지 조선이 일본 제국과 떼려야 뗄 수 없는 관계를 가지고 있었다는 점을 좀 더 적극적으로 보아야 한다. 즉, 식민지 근대성은 제국과 식민지의 '관계' 속에서 설명되고 분석되어야 한다.

총독부 새 청사 _1912년 착공 준비를 하고 1916년 준공한 총독부 새 청사. 조선인의 문화적·역사적 민족 의식을 차단하기 위해 경복궁 근정전 앞에 세웠다.
이곳이 일본 제국과 식민지 조선을 연결하는 정치적 중심지였다. 대한민국 정부 청사로 쓰이다가 1996년 철거되었다.

　그동안 일본 역사가들도 '조선 문제'는 외국의 역사로 추방시켜 놓고 있었다. 그들은 메이지 시대의 성취가 아시아와 관계없이 이루어졌다고 보면서, 일본의 식민 지배가 동아시아에 평화·질서·발전을 가져다 주었다고 믿어 왔다. 그러나 최근 연구에 따르면, 일본의 산업화를 이끈 조건의 중심에 식민지가 있었고 식민 지배가 근대 일본사를 이끈 결정적 동력이었다고 한다. 그리하여 일본의 근대화에서 식민지 조선과의 관계가 중요한 요소였다고 볼 때 비로소 일본 연구를 지배해 왔던 제국적 시각의 문제점을 피할 수 있다고 한다. 이런 주장은 우리에게도 그대로 해당한다. 식민지 근대화의 의미를 식민지와 제국의 상관성 위에서 볼 때, 식민지 근대화의 의미, 즉 "수탈인가? 시혜인가? 아니면 또 무엇인가?"라는 문제도 훨씬 뚜렷하게 보일 것이다. 식민지와 제국을 서로 상관없는 별개의 공간이 아니라 이질적이면서도 서로 연결된 공간으로 살피는 것, 그것이 식민지 근대성을 올바로 이해하는 방법이 될 것이다.

　한편 식민지 대중의 삶에 대한 폭넓은 관심도 필요하다. 제국주의 억압 속에서도 근대의 모습이 갖추어져 가는 모습은 그들 대중의 일상 생활 속에 낱낱이 아로새겨져 있다. 당시 대중의 일반적 정서는 무조건 굴종도, 적극 저항도 아니었다. 그들은 속으로는 일제를 물리치고 나라를 찾아야 한다고 생각하면서도, 실제 행동과 현실에서는 외부의 힘에 눌려 체제에 순응하며 비극적 삶을 살아갔다. 그 이율배반에서 오는 상실감·무력감·죄의식 속에 유행한 것이 신파적 비극이었다. 이러한 대중을 다룰 때에는 지배와 저항, 국가와 민중 같은 이분법 틀에서 벗어나 적응·화해·교섭 등의 범주로 들어가야 한다. 역사는 당위가 아니고 현실이기 때문이다. 그리고 이때 대중에게 접근하는 통로는 대중 문화와 생활사가 된다. 대중이 서로 교섭하며 다양한 일상적 삶을 살아가는 공간을 통해 식민지 근대성을 다시 보는 노력이 필요하다.

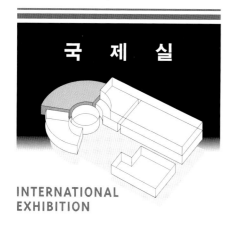

INTERNATIONAL
EXHIBITION

국 제 실

세계인의 체전인 올림픽에서 우승한 선수는 자기 나라의 국가(國歌)가 울려 퍼지는 가운데 하늘 높이 게양되는 국기를 우러러보며 금메달을 목에 건다. 국기와 국가는 근대 세계의 기본 단위인 국민 국가의 상징이다. 근대 이전에도 나라가 있었고 나라의 상징이 있었지만, 국기는 지배자가 아닌 국민 전체를 상징한다는 점에서 근대의 상징물이다. 따라서 국기의 역사는 곧 근대의 역사이다.

WAKE UP, AMERICA !

CIVILIZATION CALLS
EVERY MAN WOMAN AND CHILD !
MAYOR'S COMMITTEE 50 EAST 42ND ST

▶ **국기의 무늬** : 세계의 국기는 가로·세로 비율과 무늬 등이 다양하지만 색깔의 배치에 따라 분류하자면, 두세 가지 색깔을 가로나 세로로 배치한 유형의 국기가 많을 것이다. 가장 유명한 것이 '트리컬러'로 불리는 프랑스의 삼색기이며, 변형으로는 다섯 가지 색을 가로로 배치한 타이·코스타리카·이스라엘 등의 국기가 있다.

오른쪽 포스터의 성조기처럼 깃발 윗부분에 작은 구획(별이 그려진 부분)이 있는 국기는 '캔턴(canton)'이라고 하며 타이완·오스트레일리아·미얀마 등에서 사용한다. 스칸디나비아 반도에서 볼 수 있는 '십자기'의 십자 모양은 그리스도교의 십자가를 뜻한다. 태극기나 일장기처럼 단색 바탕에 특정 무늬를 그려 넣은 것도 있고 이상의 유형을 기본으로 하여 다양하게 변형한 것도 있다.

아이슬란드 : 1915년 제정. 빨간 십자는 노르웨이와의 관련을 나타낸다.
핀란드 : 러시아에서 독립한 뒤 1918년 제정.

독일 : 1848년 통일 후 처음으로 제정했다. 공식 명칭은 '연방기(Bundesflagge)'.

비스마르크 (1815~1898) 독일 제국의 초대 총리로 통일 독일의 초석을 놓은 인물.

프로이센 병정 인형 빛나는 단추가 많이 달린 군복을 입은 인형. 독일 국기는 프로이센 군복에서 유래했다는 설도 있다.

우즈베키스탄 1991년 소련 해체 뒤 독립하면서 국교인 이슬람교에 걸맞은 국기로 제정한 것.

세계의 국기

— 근대 국민 국가의 상징 —

"미국이여, 깨어나라!" 안락한 등나무 의자에 쿠션을 대고 비스듬히 앉아 단잠에 빠져 있는 미인을 향한 외침이다. 밖에서는 검은 구름이 몰려오고 비바람이 치고 파도가 일렁이건만 이 아름다운 여인은 아랑곳하지 않은 채 달콤한 꿈나라를 즐기고 있다. 그런데 왜 이 여인을 향해 '미국'이라고 부를까? 미국의 국기인 성조기로 디자인된 두건과 옷을 보고도 그 이유를 모를 현대인은 없을 것이다. 그녀는, 아니 성조기는 미국과 그 국민의 상징이다. 근대 이래 국기는 이처럼 한 나라와 그 국민을 대표하는 상징물로 자리잡았다.

이 포스터는 1차 세계대전에 대한 미국인의 참전과 지원을 호소하기 위해 만들어졌다. 유럽 대륙에서 벌어지는 전쟁이라서 강 건너 불처럼 여기기 쉽지만, 미국의 국익과 명예가 걸려 있으므로 정신 차리고 애국심을 발휘하라는 뜻이 담겨 있다. "문명은 모든 남자와 여자, 그리고 아이를 부른다!"는 선동적인 문구는 포스터의 효과를 한층 높여 준다. 그러나 이 포스터에서 가장 큰 효과를 발휘하고 있는 것은 두말할 나위 없이 나긋나긋한 여인이 온몸에 길지고 있는 '국기'이다.

불타는 성조기 : 이스라엘군이 팔레스타인 무장 조직인 하마스의 지도자를 암살하자 이란 사람들이 테헤란에서 반미·반이스라엘 시위를 벌이고 있다.

스위스 : 13세기에 신성로마제국 황제가 하사한 것으로 전해진다. 1815년 22개 주가 연방을 이루면서 국기로 제정.

영국 : '유니언잭'으로 유명하다. 연합 왕국을 이루는 잉글랜드·스코틀랜드·아일랜드의 기를 조합한 것.

오스트레일리아 1909년 영연방의 일원으로 독립하며 제정.

피지 : 1970년 독립하면서 제정.

[캔턴 - 작은 구획이 있는 국기]

미국 : 1777년 제정. '성조기'. 50개 별은 현재의 주, 13개 줄은 독립 당시 주의 수.

라이베리아 1847년 흑인 국가로 독립할 때 제정. 기의 모양을 따라 '고독한 별'로 불린다.

적십자기 : 국제적십자는 1863년 스위스인 뒤낭의 주도로 스위스에서 창립된 인도적 구호 단체. 흰 바탕에 붉은 십자 표지는 스위스 국기의 바탕색과 십자의 색깔을 거꾸로 도안한 것이다.

영국의 퀘벡 점령 : 1759년 영국군이 프랑스 식민지인 퀘벡으로 쳐들어 가고 있다. 퀘벡을 포함한 캐나다는 영연방의 일원이 되었다.

영국 동전 : 왕국의 상징으로 여왕을 새겼다.

뉴질랜드 합병 : 1840년 영국 해군의 홉슨 제독이 마오리족 지도자와 합병 조약을 맺고 있다. 이후 영국의 식민이 진행되면서 마오리족과 영국인 사이에 두 차례 큰 전쟁이 일어나기도 했다.

미국 독립선언문 조인식 1776년 7월 4일, 제퍼슨이 기초한 독립선언문 초안을 다섯 명의 기초위원회가 의장에게 제출하고 있다.

노예를 벗어나고자 1822년 미국의 흑인 노예들이 아프리카로 돌아가 자기 나라를 세운 곳이 '라이베리아'이다.

유고슬라비아 : 1848년 범슬라브 회의에서 채택된 삼색을 사용. 사회주의 시절에는 중앙에 빨간 별이 있었다.

페루 : 1825년 독립 때 제정. 빨강은 독립 영웅 산마르틴의 전설에서 유래.

멕시코 : 대 에스파냐 독립 전쟁 끝에 1821년 제정.

콜롬비아 : 1822년 베네수엘라·에콰도르와 함께 독립할 때 제정했다.

타이 : 1917년에 제정하여 1932년 입헌군주국이 된 뒤에도 계속 사용. '트라이롱 (삼색기)'이나 '롱치트(국기)'로 불린다.

에티오피아·가나 : 1897년에 처음 나타난 삼색은 아프리카의 통일을 상징하는 '범아프리카색'. 다른 아프리카 국기에 많은 영향을 끼쳤다.

구멍 뚫린 삼색기 : 1991년 루마니아 시위대들이 사회주의 상징 부분을 도려낸 삼색기를 흔들고 있다. 동유럽 나라들은 19세기에 독립할 때 삼색기를 채택했다.

잉카의 황금 손 : 중남미 나라들은 잉카·아스테카 등 원주민 왕국을 말살한 에스파냐 정복자로부터 독립을 쟁취했다.

에밀리아노 사파타 (1879~1919) 1910~1917년 멕시코 민주주의 혁명의 지도자 중 한 사람. 멕시코 농민 혁명 조직 '사파티스타'는 그의 정신을 이어받고 있다.

타이의 민주주의 기념비 : 1932년 민주주의 시위대가 모인 곳을 기념해 세운 비. 이때 타이는 입헌군주국이 되었다. 타이는 일본을 제외하면 아시아에서 유일하게 식민 지배를 경험하지 않은 나라이다.

아프리카 1차 세계대전 직후 아프리카의 영토 분할 상황. 아프리카 나라들은 2차 대전이 끝난 뒤에도 가장 늦게 독립을 얻었다.

이집트
나이지리아
남아프리카연방

■ 벨기에령
■ 포르투갈령
■ 네덜란드령
■ 이탈리아령
■ 영국령
■ 프랑스령
■ 스페인령

싱가포르·몰디브 둘 다 1965년 독립하면서 국기로 공포했다. 초승달은 이슬람교를 상징한다.

중국 : 1949년 사회주의 혁명 직후 제정. '오성홍기(五星紅旗)'로 불린다. 노란 별은 공산당, 빨강은 혁명을 상징한다.

북한 : 1948년 정부 수립 후 제정. '공화국 국기'로 불린다. 별은 '공산주의', 빨강은 '혁명'을 상징.

[국기를 넘어서]

유엔기 : 1947년 제정. 북극에서 본 지구를 올리브잎이 둘러싸고 있다.

올림픽기 1914년 올림픽 창시자 쿠베르탱이 제안하여 국제올림픽 위원회가 공식 승인.

유럽연합기 : 1993년 출범한 12개국 연합의 기.

싱가포르 풍경 1860년대에 유럽식으로 꾸며진 모습.

정화(1371~1435) 15세기 중국의 탐험가. 이슬람 출신인 그의 인도양 원정은 동남아시아에 이슬람교가 뿌리내리는 계기가 되었다.

조선노동당의 3대 요소 : 평양 주체사상탑 앞의 노동자·농민·근로인텔리 동상.

1930년대 옌안 장정 : 중국 사회주의 혁명의 영웅인 마오쩌둥이 홍기를 앞세우고 옌안 장정에 나서는 모습. 이 대장정이 현대 중국의 초석이 되었다.

유엔 포스터 (왼쪽) UN으로 모여 하나의 세계를 만들자는 포스터. 한자로 쓴 '일토(一土)'가 재미있다.

올림픽 포스터 (오른쪽) : 1912년 스웨덴의 스톡홀름 올림픽 기념 포스터.

찾 아 보 기

| 생활 분야별 찾아보기 |

삶
의
밑
바
탕

▶ **의** (의복·장신구·수예·이미용·의복 관습) : 1895년 단발령, 복제 개혁 10~11, 80 / 1884년 갑신정변 동지들인 개화파 지식인의 복장 14~15 / 1935년 각 세대의 복장 22~23 / 19세기 말 선비 김병욱의 복장 27 / 통신사의 복식 32~33 / 서기관 복장 36 / 대한제국기 외교관 오찬시 복장 37 / 고종 황제 복식 38 / 대한제국기 목포 개항장의 다양한 복식 42~43 / 식민지 시기 기생 복식 54~55 / 근대 무용수 최승희의 무대복 54 / 식민지 시기 경성 거리에서 보이는 중년 남성·학생·기생·인력거꾼 등의 복식 56~57 / 식민지 시기 모던걸 복장 58 / 신여성의 화장 용구 및 장신구 59 / 장옷 58 / 식민지 시기 신여성들의 복식 58~61 / 식민지 시기 모던보이의 복장 62 / 조선 후기 사대부의 복식 78~79 / 대한제국기 사진관에 출입하던 각계 각층 사람들의 복식 80~83

▶ **식 (식품 · 영양 · 조리 · 가공 · 저장 · 식생활 관습)** : 양반가의 손님 접대용 상(해주반) 28 / 외국에서 만들어진 조선 식품 소개 엽서 36 / 외교관 오찬 37
▶ **주 (주거 형태 · 주거 공간 · 주거 설비 · 가정 관리)** : 성공회 강화성당 12~13 / 1935년 김성규 집안의 모습 22~23 / 19세기 사대부 사랑채 27 / 해주반 28 / 열화당 29 /
대한제국기 기와집 36 / 개화기 전기 다리미 41 / 목포 개항장의 다양한 집들 42~43 / 싱거 미싱과 세창 바늘 60 / 신여성의 살림 살이 60 / 초기 사진관 건물 80~83

| 생활 분야별 찾아보기 |

│생활 분야별 찾아보기│

조선생활관3 도서실

—원전

· 김병욱, 『뇌서집』.
· 김성규, 『초정집』.
· 김우진, 『김우진 전집』, 전예원, 1983.
· 나혜석, 『나혜석 전집』, 태학사, 2000.
· 민영환, 『海天秋帆』.
· 오페르트, 『조선 기행』(한우근 역), 일조각, 1974.

—총류

· 『世界の歷史』, 朝日新聞社, 1989~1991.
· 『원시에서 현대까지 인류 생활사』, 동아출판사, 1994.
· 고려대학교 민족문화연구원, 『한국민속문화대관』(CD-ROM), 나모 인터랙티브, 1998.
· 국사편찬위원회, 『한국사』(신판) 22~40.
· 김인걸·한상권, 『조선 시대 사회사 연구사료 총서』1~3, 보경문화사, 1986.
· 두산동아백과사전연구소, 『두산세계백과사전』, 두산동아, 1996.
· 민족문화대백과사전 편찬부, 『한국민족문화대백과사전』, 한국정신문화연구원, 1991.
· 중·고교 『국사』 교과서.
· 중·고교 『역사부도』.
· 中國歷史博物館, 『簡明中國文物辭典』, 福建人民出版社, 1991.
· 한국민족사전편찬위원회, 『한국민속대사전』, 한국사전연구사, 1997.
· 황해문화 편집부, 『황해문화』, 서해문집.

—단행본

· 『좌옹윤치호선생약전』.
· 강명관, 『조선 후기 여항 문학 연구』, 창작과비평사, 1997.
· 경기고등학교70년사편찬회, 『京畿七十年史』, 경기고등학교 동창회, 1970.
· 고성훈 외, 『민란의 시대』, 가람기획, 2000.
· 국방부 전사편찬위원회, 『병인·신미양요사; 민족전란사 6』, 1989.
· 권희영·이원순·장동하·조 광, 『병인양요의 역사적 재조명』, 한국정신문화연구원, 2001.
· 길박세상, 『20세기 여성 사건사』, 여성신문사, 2001.
· 김도형, 『대한제국기의 정치사상 연구』, 지식산업사, 1994.
· 김동춘 외, 『자유라는 화두-한국 자유주의의 열 가지 표정』, 삼인, 1999.
· 김상태 편역, 『윤치호 일기』, 역사비평사, 2001.
· 김원모, 『근대 한미 관계사-한미전쟁편』.
· 김원모, 『한미 외교 관계 100년사』, 철학과 현실사, 2002.
· 김윤식, 『이광수와 그의 시대』, 솔(개정 증보), 1999.
· 김은석, 『개인주의적 아나키즘』, 우물이있는집, 2004.
· 김준형, 『1862년 진주농민항쟁』, 지식산업사, 2004.
· 김진송, 『서울에 딴스홀을 허하라』, 현실문화연구, 1999.
· 김희보, 『그림으로 읽는 세계사 이야기』1, 2, 가람기획, 2000.
· 노형석, 『모던의 유혹 모던의 눈물-근대 한국을 거닐다』, 생각의 나무, 2003.
· 망원한국사연구실, 『1862년 농민항쟁』, 동녘출판사, 1988.
· 목포백년회, 『목포 개항100년사』, 1997.
· 문옥표 외, 『신여성』, 청년사, 2003.
· 박노자, 『나를 배반한 역사』, 인물과사상사, 2003.
· 박찬승, 『한국 근대 정치사상사 연구; 민족주의 우파의 실력양성운동론』, 역사비평사, 1992.
· 박찬호, 『한국 가요사 1895~1945』, 현암사 (안동림 역), 1992.
· 박천홍, 『매혹의 질주 근대의 횡단』, 산처럼, 2003.
· 배종무, 『목포 개항사 연구』, 느티나무, 1994.
· 서연호, 『김우진』, 건국대 출판부, 2000.
· 서연호·홍창수 편, 『김우진 전집』 I ~ III, 연극과 인간, 2000.
· 서울시정개발연구원, 『서울 20세기 생활·문화 변천사』, 서울학연구소, 2001.
· 소재영 외, 『한국의 딱지본』, 범우사, 1996.
· 손정목, 『한국 개항기 도시 변화 과정 연구』, 일지사, 1982
· 신명직, 『모던뽀이 경성을 거닐다』, 현실문화연구, 2003.
· 신복룡 외, 『서재필과 그 시대』, 서재필기념회, 2003.
· 안확, 『자각론 개조론』, 한국국학진흥원.
· 양승국, 『김우진, 그의 삶과 문학』, 태학사, 1998.
· 역사문제연구소, 『사회사로 보는 우리 역사의 7가지 풍경』, 역사비평사, 1999.
· 연갑수, 『대원군 집권기 부국강병 정책 연구』, 서울대학교 출판부, 2001.
· 염상섭, 『삼대』, 실천문학사, 2000.
· 염인호, 『김원봉 연구』 창작과비평사, 1993.
· 예술원 편, 『한국 연극 무용 영화사』, 대한민국 예술원, 1985.
· 오성철, 『식민지 초등교육의 형성』, 교육과학사, 2000.
· 오수창, 『조선 시대 평안도 사회발전 연구』, 일조각, 2002.
· 오종원·조우성·김홍전·김윤식, 『간추린 인천사』, 인천학연구소, 1999.
· 우윤, 『전봉준, 1894년』, 하늘아래, 2003.
· 유민영, 『한국 근대 연극사』, 단국대 출판부, 1996.
· 유봉학, 『조선 후기 학계와 지식인』, 신구문화사, 1998.
· 유수경, 『韓國女性洋裝變遷史』, 일지사, 1990.
· 유홍준, 『완당평전』, 학고재, 2002.
· 이광린, 『한국 개화사 연구』, 일조각, 1974.
· 이만규, 『조선 교육사』, 거름, 1988.
· 이병주, 『한국 우정 100년』, 체성회출판부, 1984.
· 이상경 편, 『나혜석 전집』, 태학사, 2000.
· 이정식 『이학준, 혁명가들의 항일 회상; 금성숙·장건상·정화암·이강훈』, 민음사, 1988.
· 이태진, 『고종 시대의 재조명』, 태학사, 2000.
· 이태진, 『왕조의 유산; 외규장각 도서를 찾아서』, 지식산업사, 1994.
· 이호룡, 『한국의 아나키즘-사상편』, 지식산업사, 2001.
· 이희승, 『딸깍발이 선비의 일생』, 창작과 비평사, 1996.
· 인촌기념회, 『인촌 김성수전』, 1976.
· 정규웅, 『나혜석 평전』, 중앙M&B, 2003.
· 정병삼 외, 『추사와 그의 시대』, 돌베개, 2002.
· 정옥자, 『조선 후기 문화운동사』, 일조각, 1988.
· 정재정, 『일제 침략과 한국 철도』 서울대 출판부, 1999.
· 조세현, 『동아시아 아나키즘 그 반역의 역사』, 책세상, 2001.
· 최인진, 『한국사진사 1631-1945』, 눈빛, 2000.
· 최인진, 『한국신문사진사』, 열화당, 1992.
· 충주교현초등학교 개교100주년 기념지편찬위원회, 『(忠州校峴初等學校)開校 100周年 記念誌 : 1896~1996』, 충주교현초등학교 개교100주년 기념사업회, 1996
· 프랜시스 로빈슨 외, 『사진과 그림으로 보는 케임브리지 이슬람사』, 시공사, 2002.

· 한국고문서학회, 『조선시대 생활사』, 역사비평사, 1996.
· 한국고문서학회, 『조선시대 생활사 2』, 역사비평사, 2000.
· 한국역사연구회, 『대한제국의 토지조사사업』, 민음사, 1995.
· 한국역사연구회, 『우리는 지난 100년 동안 어떻게 살았을까』, 역사비평사.
· 한영우, 『명성황후와 대한제국』, 효형출판, 2001.
· 한영우·안휘준·배우성, 『우리 옛지도와 그 아름다움』, 효형출판, 1999.
· 한철호, 『친미 개화파 연구』, 국학자료원, 1998.
· 헨드릭 하멜, 『하멜표류기』, 서해문집, 2003.

―논문

· 고석규, 「근대 도시 목포의 유지와 목포고등보통학교 설립 운동 -기대와 현실의 간격」,
    『한국사 연구』 109, 한국사연구회, 2000.
· 김연희, 「대한제국기의 전기사업 -1897~1905년을 중심으로」,
    『한국과학사학회지』 19, 1997.
· 김용섭, 「광무년간의 양전사업에 관한 일연구」, 『아세아 연구』 11,
    고려대학교 아세아문제연구소, 1968.
· 김용섭, 「광무 양전의 사상 기반 -양무감리 김성규의 사회경제론」, 『아세아 연구』 15,
    고려대 아세아문제연구소, 1972.
· 김원모, 「조선 보빙사의 미국사행(1883) 연구」, 『동방학지』 49, 연세대 국학연구원, 1985.
· 김태웅, 「대한제국기의 법규 교정과 국제 제정」,
    『한국 근현대의 민족문제와 신국가 건설』, 1997.
· 김한구, 「일제 시대 일본 유학생의 실태와 의식 갈등」, 『한국의 사회와 문화』 9,
    한국정신문화연구원, 1988.
· 노대환, 「개항기 지식인 김병욱의 시세 인식과 부강론」, 『한국문화』 27,
    서울대 한국문화연구소, 2001.
· 노동은, 「식민지 근대화와 신여성 : 최초의 여가수 윤심덕 -허무주의의 비가」,
    『역사비평』 17, 역사문제연구소, 1992.
· 박명규, 「1920년대 사회 인식과 개인주의」, 『한국 사회사상사 연구』, 나남, 2003.
· 서형실, 「일제 시기 신여성의 자유연애론」, 『역사비평』 25, 역사문제연구소, 1994.
· 송찬섭, 「1862년 농민항쟁과 진주」, 『진주 농민운동의 역사적 조명』, 역사비평사, 2002.
· 송찬섭, 「김병욱 -사회개혁을 향한 꿈과 실천」,
    『63인의 역사학자가 쓴 한국사 인물열전 3』, 돌베개, 2003.
· 신용하, 「독립문·독립관·독립공원의 건립과 변천」, 『향토서울』 59,
    서울시사편찬위원회, 1999.
· 양상현, 「한말 부두 노동자의 존재 양태와 노동운동 : 목포항을 중심으로」, 『한국사론』 14,
    서울대 국사학과, 1986.
· 양상호, 「목포 각국 공동 거류지의 도시 공간의 형성 과정에 관한 고찰」,
    『건축역사연구』 7, 한국건축역사학회, 1995.
· 연갑수, 「19세기 중엽 조청간 교역품의 변화」, 『한국사론』 41·42,
    서울대 국사학과, 1999.
· 오수창, 「'홍경래 난'의 주도세력과 농민」, 『1894년농민전쟁연구 2』,
    역사비평사, 1992.
· 우 윤, 「19세기 민중운동과 민중사상: 후천개벽, 정감록, 미륵신앙을 중심으로」,
    『역사비평』 2, 1988.
· 원재연, 「오페르트의 조선 항해와 내포 일대의 천주교 박해 -문호개방론과 관련하여」,
    『백제문화』 29, 공주대학교 백제문화연구소, 2000.

· 이민원, 「민영환의 모스크바 외교 -천일책」, 『청계사학』, 2002.
· 이배용, 「개화기·일제 시기 결혼관의 변화와 여성의 지위」, 『한국 근현대사 연구』 10,
    한국근현대사연구회, 1999.
· 이상경, 「나혜석 : 가부장제에 맞선 외로운 투쟁」, 『역사비평』 31,
    역사문제연구소, 1995.
· 이윤상, 「대한제국기 국가와 국왕의 위상 제고 사업」, 『진단학보』 95, 진단학회, 2003.
· 이현종, 「감리서 연구」, 『아세아연구』 11, 고려대 아세아문제연구소, 1968.
· 정근식, 「한국의 근대적 시간 체제의 형성과 일상생활의 변화 I
    -대한제국기를 중심으로」, 『사회와 역사』 58, 한국사회사학회, 2000.
· 정숭교, 「박규수의 생애와 사상(1807~1877)」, 『동북아』 2, 동북아문화연구원, 1995.
· 정옥자, 「신사유람단고」, 『역사학보』 27, 역사학회, 1965.
· 정창렬, 「근대 국민 국가 인식과 내셔널리즘의 성립 과정」, 『한국사』 11, 한길사, 1994.
· 조재곤, 「대한제국기 홍종우의 근대화 개혁론」, 『택와허선도선생정년기념논총』,
    일조각, 1992.
· 조재곤, 「일제 강점 초기 상업 기구의 식민지적 재편 과정 -1910년대 상업회의소와
    조선인 자본가」, 『한국문화』 31, 서울대 한국문화연구소, 2003.
· 주진오, 「19세기 후반 개화 개혁론의 구조와 전개 : 독립협회를 중심으로」,
    연세대 박사학위 논문, 1995.
· 지수걸, 「구한말~일제 초기 유지 집단의 형성과 향리」, 『한국 근대 이행기 중인연구』,
    연세대학교 국학연구원, 1999.
· 허동현, 「1881년 조사시찰단의 활동에 관한 연구」, 『국사관논총』 66, 1995.

―도록 · 보고서

· 京都大學校, 『京都大學文學部博物館』, 1987.
· 고려대학교 박물관, 『조선 시대 기록화의 세계』, 2001.
· 과학백과사전종합출판사, 『조선의 민속 전통』, 2003.
· 광주민속박물관, 『광주민속박물관』, 1997.
· 국립광주박물관, 『국립광주박물관』, 1990.
· 국립민속박물관, 『국립민속박물관』, 1993.
· 국립민속박물관, 『추억의 세기에서 꿈의 세기로-20세기 문명의 회고와 전망』, 1999.
· 국립중앙박물관, 『고려·조선의 대외 교류』, 2002.
· 국립중앙박물관, 『국립중앙박물관』, 1997.
· 국립중앙박물관, 『입사공예(入絲工藝)』, 1997.
· 국립중앙박물관, 『조선 시대 문방제구』, 1992.
· 국립중앙박물관, 『조선 시대 풍속화』, 2002.
· 국립제주박물관, 『항해와 표류의 역사』, 솔, 2003.
· 『국보』 5, 예경문화사, 1985.
· 『그림으로 보는 한국의 문화유산』 1·2, 시공테크, 1999.
· 『金屬工藝綜合展』, 大壺古美術展示館, 1997.
· 김길빈, 『우리 민속 도감』, 예림당, 1999.
· 김남석, 『우리 문화재 도감』, 예림당, 1998.
· 『깃발과 국기』, 웅진미디어, 1993.
· 내셔널지오그래픽, 『사진으로 보는 옛 한국 -은자의 나라』, YBM Sisa, 2002.
· 문화관광부·한국복식문화 2000년 조직위원회, 『우리 옷 이천년』, 2001.
· 박대헌, 『서양인이 본 조선』(전2권), 호산방, 1997.
· 『박물관 이야기』, 국립청주박물관, 2000.

자료 제공 및 출처

· 박왕희, 『한국의 향교 건축』, 문화재관리국, 1998.
· 『발굴유물도록』, 서울대학교 박물관, 1997.
· 『배』, 웅진미디어, 1993.
· 『북한의 문화재와 문화유적』Ⅲ·Ⅳ, 서울대학교 출판부, 2000.
· 『사진으로 보는 근대 한국』상·하, 서문당, 1986
· 『사진으로 보는 독립운동』상·하, 서문당, 1988
· 『사진으로 보는 조선시대』, 서문당, 1986
· 서울대 규장각, 『조선 후기 지방 지도』, 1996.
· 서울대 규장각, 『규장각 명품 도록』, 2000.
· 서울대학교 국사학과, 『한국 생활사 자료집』.
· 서울대학교 박물관, 『한국전통회화』, 1993.
· 서울역사박물관, 『서울역사박물관』, 2002.
· 서울역사박물관, 『조선 여인의 삶과 문화』, 2002.
· 『성균관대학교 박물관 도록』, 성균관대학교 박물관, 1998.
· 성신여자대학교박물관, 『지도와 지도 그리기』, 2004.
· 세종대왕기념사업회, 『세종대왕기념관 진열 목록』, 2001.
· 심연옥, 『한국 직물 오천년』, 고대직물연구소, 2002.
· 영남대학교 박물관, 『한국의 옛 지도』, 1998.
· 전북대학교 박물관, 『박물관 도록-고문서』, 1999.
· 정종화 엮음, 『한국의 영화 포스터』1·2·3, 범우사, 2000.
· 中川邦昭,, Camera Gallery, 美術出版社, 1991.
· 『창덕궁』, 열화당, 1986.
· 최인진·박주석, 『한국사진의 한세기』, 2001.
· 『태국』, 서울문화사, 2000.
· 『特別展 李朝の 繪畵』, 大和文華館, 1986.
· 한국국학진흥원, 『선비, 그 멋과 삶의 세계』, 2002.
· 『한국 복식 2000년』, 국립민속박물관, 1997.
· 호암미술관, 『조선 목가구 대전』, 2002.
· 호암미술관, 『조선 전기 국보전』, 1996.
· 호암미술관, 『조선 후기 국보전』, 1996.
· ART, DK, 1997.
· History of the World, DK, 1994.
· Paul Lunde, Islam, DK, 2002.
· Signs and Symbols, DK, 1996.
· Thad Koza, Tall Ships, Tide-mark Press, 2000.
· The Illustrated History of the World, McRae Books, 2001.

―글

야외전시_강응천 / 조선실_정숭교 / 특별전시실_배우성 (자료 보조 : 이소운) / 가상체험실_강응천·최인진 (특별자문 : 이경민) / 특강실_정선태·고석규 / 국제실_강응천 / 최종교열_강응천

―사진

8~9 인천공항_정주하 / 10~11 다양한 머리 모양_정주하 / 12~13 성공회 강화성당_정주하 / 14~15 개화파 동지들_『계명대학교 동산의료원 100주년 기념 사진으로 보는 한국 100년사』/ 16~17 만석보_정주하 / 18~19 대한문 앞 태극기_정주하 / 22~23 김우진 일가의 가족 사진_유족, 목포시 / 26 『뇌서집』_국립중앙박물관·지중근 / 28-29 「세한도」_『조선후기 국보전』(호암미술관), 잉어 무늬 접시_호암미술관, 해주반_국립중앙박물관, 방각본_『옛책』(대원사), 열하일기_지중근 / 34 명함_목포시 / 36-37 김성규 사진_목포시, 메달·여권·가방·엽서_최웅규·지중근, 오찬_엘지상암재단 / 38-39 환구단_『사진으로 보는 조선 시대』, 애국가_『최신 창가집』(국가보훈처), 독립문_지중근 / 40-41 우표_최웅규·지중근, 동전_화폐박물관, 지도_서울시립대학교 박물관, 기차_철도박물관·지중근, 남대문 사진_『사진으로 보는 근대 한국』상, 전화기_국립민속박물관, 다리미_최웅규·지중근 / 40-41 칙명_목포시·지중근 / 44-46 목포전경_정명여학교, 만호진·면화 공장·동양척식주식회사_목포시, 호남은행·청년회관·총순비_목포 오거리·일본영사관·도로원표_지중근, 잡화점 광고문_황성신문, 군산 옛 사진_『사진으로 보는 근대 한국』상, 군산세관_이동준 / 47 『홍수전후』_현대문학관·지중근, 레코드판_서울역사박물관, 이난영 사진·목포의 눈물_목포시 / 48-49 목포시사_지중근, 장부_목포시·지중근, 활명수_국립민속박물관, 화신 봉투·태극성 광목_최웅규·지중근, 경성방직 심벌·김성수 사진_인촌기념사업회, 『조선일보』_조선일보사 / 50 김우진 일기_목포시·지중근 / 52-53 잉크와 만년필·심상소학 교과서_최웅규·지중근, 일고 사진_『경기 70년사』, 학적부_『충주 교현중학교 기념비』, 농장 일기·논문_목포시·지중근, 서당 사진_『사진으로 본 백년 전 한국』(가톨릭출판사) / 54-55 『사랑에 속고 돈에 울고』_현대문학관·지중근, 명월관_서울역사박물관, 최승희_『최승희』(눈빛), 임자없는 나룻배_정종화, 영사기_전기박물관·지중근, 「산돼지」_목포시·지중근 / 56-57 흑거리 배경_부천판타스틱 스튜디오·지중근 / 58-59 나혜석의 「강강무회」_국립현대미술관, 잡지_잡지박물관·지중근, 여성 소품 일괄_최웅규·지중근 / 60-61 윤심덕 사진_『사진으로 보는 한국 백년』, 레코드판_신나라레코드 음반연구소, 싱거 미싱_서울역사박물관, 세창 바늘_최웅규·지중근, 자화상_정월나혜석기념사업회 / 62-63 엽서·형제 사진_목포시·지중근, 목포 신간회 사진_『목포100년사』, 『조선농민』_최웅규·지중근, 을밀대_『사진과 그림으로 보는 한국의 역사3』 / 64 황비창천명 청동 거울_국립중앙박물관, 혼천시계_고려대학교 박물관 / 66 『천하여지도』_숭실대학교 박물관 / 67 『대명국지도』_뤼순박물관 / 68-70 『곤여만국전도』_서울대학교 박물관 / 71 컴퍼스_일본 고베 시립박물관, 철제 닻_국립제주박물관 / 71 『여지전도』_숭실대학교 박물관 / 73 『천하고금대총편람도』_이찬, 천하도_윤형두 / 74 아편 도구_『圖說中國的文明』(商務印書館) / 74-75 『양반구도』_성신여자대학교 박물관 / 75 지구의_숭실대학교 박물관, 대한제국기 세계 지도_최웅규 / 78 카메라 옵스쿠라_Camera Gallery(美術出版社) / 82 렌즈와 셔터_최인진 / 83 이교민_최인진 / 85 『독립신문』_김향금 / 86 일본 지폐_김향금 / 87 파리잡기 운동_이경민 / 89 안중근 의사의 총_『사진으로 보는 조선 시대』 / 90 공업화 선전 엽서_서울시립대학교 박물관 / 91 총독부 새 청사_서울시립대학교 박물관 / 92 성조기 포스터_History of the World – the latest five hundred years(Bonanza) / 93 데니 태극기_『깃발과 국기』(웅진미디어) / 태극팔괘도_규장각, 보신각 종_이정민, 일장기_History of the World – the latest five hundred years / 94 십자군의 예루살렘 점령, 십자군 복장, 자유의 여신, 로베스피에르, 테르미도르 반동, 비스마르크_『그림으로 읽는 세계사 이야기 2』(가람기획), 십자군이 사용하던 동전, 바이킹 투구, 바이킹해적단, 꼭두각시 병사_『인류 생활사』(동아출판사), 챠오_www.worldcup-fanshop.com, 달과 별, 무릎 꿇은 이슬람, 케말파샤_Islam(DK), 불타는 성조기_연합포토 / 95 영국의 퀘벡 점령, 아프리카 지도, 옌안 장정, 유엔 포스터_History of the World – the latest five hundred years(Bonanza), 뉴질랜드 합병, 흑인 머리 조각, 아프리카의 포르투갈 병사_Chronicle of the World(DK), 미국 독립선언문 조인_『그림으로 읽는 세계사 이야기 2』(가람기획), 노예 쇠사슬, 잉카의 황금 손, 싱가포르 풍경_『인류 생활사』(동아출판사), 구멍 뚫린 삼색기_History of the World(DK) Topkapi Palace(Orient), 타이의 민주주의 기념비_『태국』(서울문화사), 정화_『세계사신문 2』(사계절출판사), 조선노동당 3대 요소_『영광의 50년』, 올림픽 포스터_The Look of the Century(DK)

―그림

24~25 이양선_백남원 / 27 사랑방_이선희 / 30~31 민란_이선희 / 35 측량_이선희 / 38 고종_이수진 / 42~43 개항장 목포_백남원 / 51 김우진·인형의 집 공연_이선희 / 56~57 경성 거리에서_차재욱 / 78~83 가상체험실 일괄_김병하 (특별자문 : 최인진) / 91 삽화_이은홍

―디자인

한국생활사박물관 개념도_김도희 / 아트워크_김남진

한국생활사박물관 11「조선생활관 3」

2004년 8월 20일 1판 1쇄
2017년 5월 26일 1판 9쇄

지은이 : 한국생활사박물관 편찬위원회

편집관리 : 인문팀
출력 : (주)블루엔 / 스캔 : 채희만
인쇄 : (주)삼성문화인쇄
제책 : 책다움
마케팅 : 이병규, 양현범, 박은희

펴낸이 : 강맑실
펴낸곳 : (주)사계절출판사
등록 : 제406-2003-034호
주소 : (우)10881 경기도 파주시 회동길 252
전화 : 031)955-8588, 8558
전송 : 마케팅부 031)955-8595 편집부 031)955-8596

저작권자와 맺은 협약에 따라 인지를 생략합니다.

이 책의 저작권은 (주)사계절출판사와 한국생활사박물관 편찬위원회에 있습니다.
ⓒ (주)사계절출판사·한국생활사박물관 편찬위원회, 2004

값은 뒤표지에 적혀 있습니다.
잘못 만든 책은 구입하신 서점에서 바꾸어 드립니다.
사계절출판사는 성장의 의미를 생각합니다.
사계절출판사는 독자 여러분의 의견에 항상 귀기울이고 있습니다.

홈페이지 : www.sakyejul.co.kr
전자우편 : skj@sakyejul.co.kr

ISBN 978-89-7196-691-4
ISBN 978-89-7196-680-8(세트)